W0364576

Das grosse Buch der Fischküche

Das grosse Buch der

Fisch Küche

Siegfried W. Rossal

FONA

Ich danke von Herzen
meiner lieben Frau Diana
Pierre-Michel Delessert für seine schönen Fotos
der Firma WMF-Hutschenreuther für Porzellan
und Küchenutensilien.

© 2006 FONA Verlag AG, CH-5600 Lenzburg
www.fona.ch

Verantwortlich für das Lektorat: Léonie Haefeli-Schmid
Gestaltung Inhalt und Umschlag: Andrea Heimgartner, Zürich
Foodbilder: Pierre-Michel Delessert, L'Isle
Fischbilder: Michel Roggo, Fribourg
Lithos: Repro Schicker AG, Baar
Druck und Bindung: Offizin Andersen Nexö, Leipzig

ISBN 3-03780-238-3

Inhalt

Wo nicht anders vermerkt, sind die Rezepte für vier Personen berechnet.

Abkürzungen:
EL = Esslöffel, TL = Teelöffel, Msp = Messerspitze,
l = Liter, dl = Deziliter, ml = Milliliter, g = Gramm,
kg = Kilogramm

Fisch und Nährwert

Warum ist Fisch so gesund?

Fettgehalt

Man unterscheidet zwischen magerem, mittelfettem und fettem Fisch. Magerfische haben einen Fettgehalt von weniger als 1 %, dazu zählen Kabeljau (Dorsch), Schellfisch, Seelachs (Köhler), Scholle. Mittelfette Fische haben einen Fettgehalt von bis zu 10 %, dazu zählen weißer Heilbutt, Meerwolf, Steinbutt, Seezunge, Rotbarsch, Meerteufel. Zu den Fettfischen mit mehr als 10 % Fettgehalt zählen schwarzer Heilbutt, Hering, Makrele, Lachs, weißer Thunfisch, Sardine, Sprotte. Der Fettgehalt der Fische ist großen Schwankungen unterworfen. Er ist am höchsten bei jungen Fischen vor der Geschlechtsreife und vor der Laichzeit. Der fettreichste Fisch ist die Makrele; sie kann einen Fettgehalt zwischen 1 % und 35 % haben. Das Fischfett ist wegen des hohen Gehalts an mehrfach ungesättigten Fettsäuren besonders wertvoll für die menschliche Ernährung. Da wir diese Fettsäuren nicht selber produzieren können, müssen sie zugeführt werden. Der tägliche Bedarf liegt bei 10 g. Mit einer Portion Fisch (ca. 125 g) wird bereits 25 % des täglichen Bedarfs gedeckt. Mehrfach ungesättigte Fettsäuren sind unter anderem ein Schutzschild gegen Krankheiten wie Arteriosklerose, Herzinfarkt und Schlaganfall. Als Beweis dafür führen Mediziner das relativ seltene Auftreten dieser Erkrankungen bei Völkern mit hohem Fischverzehr an (Japaner, Eskimos).

Cholesterin

Fisch hat einen sehr niedrigen Cholesteringehalt. Er schwankt zwischen 30 mg auf 100 g Fischfilet bei Seelachs und 85 mg bei Hering. Zum Vergleich: Hummer enthält 185 mg, Austern 260 mg, Kalbfleisch 90 mg, Lamm 70 mg. Spitzenreiter sind die Innereien: Kalbsbries (Milken) 250 mg, 100 g Hühnerei 604 mg. Das Cholesterin ist eine fettähnliche Substanz, die in fast allen tierischen Lebensmitteln vorkommt. Cholesterin wird auch vom Körper selber gebildet, und zwar beim Stoffwechsel von Fett und Kohlehydraten. Die Verarbeitung des Cholesterin ist von Mensch zu Mensch verschieden. Unsere Gesundheit ist dann in Gefahr, wenn es in den Blutgefäßen zu Ablagerungen kommt. Verschiedene amerikanische Studien belegen, dass Menschen, die nach einem Herzinfarkt Fisch verzehrt haben, eine um 29 % höhere Lebenserwartung haben als bei Fisch-Abstinenz.

Proteingehalt

Fisch enthält im Durchschnitt 20 % Protein. Und dieses hat einen hohen Anteil an essentiellen Aminosäuren, die in pflanzlichen Lebensmitteln nur in kleinen Mengen vorkommen. Der menschliche Organismus benötigt essentielle Aminosäuren um körpereigenes Eiweiß aufzubauen. Eine Portion Fisch (120 g) deckt ungefähr einen Viertel des Tagesbedarfs an Protein. Tierisches Eiweiß aus Fisch, Fleisch, Eiern, Käse und Milchprodukten hat gegenüber pflanzlichem Eiweiß den Vorteil, dass der menschliche Organismus es leichter verwerten kann.

Mineralstoffe und Spurenelemente

Der Fisch ist reich an Mineralstoffen und Spurenelementen. Sie sind besonders wichtige Lieferanten von Jodid und Fluorid, Magnesium, Kalium und Phosphor. Meerfisch gilt als wichtigster Lieferant von Fluorid, was für die Gesundheit der Zähne von Bedeutung ist.

Vitamine

Fische haben einen vergleichsweise hohen Gehalt an wertvollen Vitaminen wie A, B_1, B_2, B_6, D und E. Es erstaunt, dass ein frischer Hering, mit Ausnahme von Vitamin C, einen höheren Vitamingehalt hat als eine Banane.

Fischeinkauf

Die Haut sollte matt glänzend und von natürlicher Farbe sein. Wenn der Fisch schon längere Zeit tot ist, wird die Haut trocken und verfärbt sich gelblich-grau. Wenn die Augen noch klar und zudem prall hervorstehend sind, ist der Fisch erst vor sehr kurzer Zeit gefangen worden. Weitere Frischemerkmale sind: fest sitzende Schuppen und festes Fleisch. Wenn man mit dem Finger den Fisch drückt, sollte die Druckstelle gleich wieder verschwinden. Die Kiemen sind leuchtend rot, die einzelnen Lamellen gut erkennbar und weder verklebt noch fleckig. Ein frischer Fisch riecht sehr dezent. Der typische Fischgeruch kann sich erst durch die chemische Umwandlung des im Fisch reichlich vorhandenen Trimethylaminoxid entwickeln. Der Fisch darf auf keinen Fall tranig oder muffig riechen. Wirklich frischer Fisch ist immer besser als gefrorener. Jeder Fisch, der stirbt, macht eine Todesstarre durch, welche bei jedem Fisch anders verläuft. In der Regel ist sie nach zwölf Stunden vorbei, und das Fleisch wird wieder weich. Nun setzt der Reifeprozess ein, und es bilden sich Aromastoffe. Fische erreichen ihre optimale Reife und den besten Geschmack nach etwa zwei bis drei Tagen. Voraussetzung ist aber, dass sie auf Eis und bei 0 bis 2 °C gelagert werden. Tiefkühlfische werden in der Regel bereits während der Todesstarre verarbeitet und können somit den Reifeprozess nicht erlangen. Deshalb haben gefrorene Fische meist weniger Geschmack als frische, außerdem sind gefrorene nicht so saftig. Oftmals ist es allerdings schwierig, guten frischen Fisch einzukaufen. Dann ist der Tiefkühlfisch von renommierten Produzenten eine sehr gute Alternative. Am besten lässt man den gefrorenen Fisch im Kühlschrank, je nach Größe der Stücke acht bis zwölf Stunden lang, auftauen. Es ist nicht für das Gelingen der Rezepte, sondern für die Qualität und den Geschmack wichtig, ob Sie frischen oder gefrorenen und aufgetauten Fisch verwenden.

Äsche

Felchen, Renke, Maräne

Forelle

Hecht

Karpfen

Lachs, Salm

Saibling

Wels, Waller

Zander, Schill

Süßwasserfische

Äsche
franz. ombre; engl. grayling

Die Äsche ist einer der edelsten Süßwasserfische, leider aber auch sehr rar. Sie liebt sauberes, stark fließendes Gewässer und hat festes, fettarmes und nach Thymian duftendes Fleisch. Die Äsche ist vor allem in Skandinavien, Osteuropa und Russland beheimatet. Die Äsche eignet sich für alle Zubereitungsarten.

Felchen, Renke, Maräne
franz. féra; engl. whitefish

Der Felchen ist ein forellenähnlicher Lachsfisch, der zu den wichtigsten Speisefischen auf der nördlichen Halbkugel zählt. Heimisch sind die Felchen in den meisten mitteleuropäischen Seen, aber auch in Nordrussland, Skandinavien und Kanada. Sie haben weiches, fettarmes und schmackhaftes Fleisch, das sich für alle Zubereitungsarten eignet.

Forelle
franz. truite; engl. trout

Die Forelle gehört zur Familie der Salmoniden (Lachsfische). Leider können wir ganz selten eine Forelle aus Wildfang, welche als Delikatesse gilt, bei uns kaufen. Die Zuchtforelle ist mehr und mehr zu einem Massenprodukt verkommen, und es bleibt zu hoffen, dass mehr Züchter auf Qualität setzen und schmackhaftere Forellen liefern.

Hecht
franz. brochet; engl. pike

Der Hecht besiedelt in den Einzugsgebieten von Rhein, Rhone und Po die tiefer gelegenen Seen und langsam fließenden Flüsse. Er liebt klares, ruhiges Wasser mit Kiesgrund und pflanzenreichen Ufern. Im Wasser ist er in der Nahrungskette ein wichtiges Glied, da er bei drohenden Überbeständen eine regulierende Wirkung hat. Es sei hier an den «Hecht im Karpfenteich» erinnert, der zum Schutze der teuren Karpfennahrung ausgesetzt wurde, ohne dass er die Karpfen selbst bedroht hat.
Fangzeit des Hechts ist von September bis Januar. Sein Fleisch ist mager, fest, aromatisch, aber grätig und gern etwas trocken. Er eignet sich für alle Zubereitungsarten, speziell aber für Farces, Klößchen, Mousses, Pasteten.

Karpfen
franz. carpe; engl. carp

Karpfen bevorzugen warme, stehende Gewässer mit Sand- oder Schlammgrund und reichem Pflanzenbestand. Sie halten sich tagsüber an tiefen Stellen auf, nachts sind sie lebhafter. Vielerorts werden Karpfen in intensiver Teichwirtschaft gehalten.
Das schmackhafte, leicht verdauliche Karpfenfleisch kann je nach Herkunft fettarm bis fettreich sein. Karpfen können blau gekocht, gebacken, gebraten, gedünstet, gedämpft, geschmort, paniert, gefüllt und geräuchert werden.

Saibling
franz. omble; engl. char

Der Saibling ist ein fettarmer lachsartiger Süßwasserfisch mit festem, zartrosa Fleisch. Er wurde vor etwas mehr als 100 Jahren aus Nordamerika importiert. Die Saiblinge stellen hohe Ansprüche an die Wasserqualität und fühlen sich nur in kaltem, sauberem und sauerstoffreichem Wasser wohl. Es gibt Bach-, See- und Wandersaiblinge. Aus Schweizer Seen kommen Saiblinge – auch Rötel genannt – von außergewöhnlicher Qualität. Der Saibling ist auch in bayrischen und österreichischen Seen zu Hause.
Die Zuger Röteli werden Mitte November bis Mitte Dezember gefangen und sind eine begehrte Spezialität. Wildlebende Saiblinge sind leider rar, die meisten stammen aus Aquakulturen.
Am besten werden Saiblinge in Butter gebraten, gedünstet oder pochiert.

Wels, Waller
franz. silure; engl. sheatfish, catfish

Das Fleisch des Wels ist weiß, fast grätenfrei und erinnert an das des Seeteufels. Der Wels kommt vor allem in Ost- und Mitteleuropa vor und kann bis zu 3 m lang und über 100 kg schwer werden. Aber nur das Fleisch junger, höchstens 3 kg schwerer Fische ist empfehlenswert. Er lässt sich, ganz oder filetiert, vielseitig zubereiten: braten, grillen, schmoren.

Lachs, Salm
franz. saumon; engl. salmon

Atlantiklachs
Er stammt meist aus den Aquakulturen Norwegens, Schottlands oder Irlands und ist von kräftig orangeroter Farbe. Die Zucht erfolgt oft im Meerwasser.
Ostsee-Bornholm-Lachs
Das Fleisch ist hellrosa und von feinem Aroma.
Grönland-Lachs
Das Fleisch ist von heller Farbe. Er gilt als der feinste Atlantik-Lachs.
Alaska-Kanada-Pazifiklachs
Kommt aus dem Nordpazifik, von Kalifornien über Kanada, Alaska bis Japan. Der Königslachs (Chinook) ist der größte und beste pazifische Lachs. Sehr viel häufiger wird Rotlachs gefischt, dessen Fleisch sich gut weiterverarbeiten lässt, z. B. auch zu Konserven. Der Silberlachs hat ein blasseres Fleisch, das von feiner Struktur ist; mit einem durchschnittlichen Gewicht von 3½ kg ist er derjenige Pazifiklachs, der sich für die Zucht am besten eignet.

Der Lachs ist für die Fischzucht mit Abstand der wichtigste Fisch, und in der Regel sind die Qualitäten auch recht gut. Kaum ein anderer Fisch lässt sich so vielseitig zubereiten.

Zander, Schill
franz. sandre; engl. pike-perch

Der Zander lebt gern in großen Flüssen und Seen mit hartem Grund, vor allem in Mittel- und Osteuropa. In Ungarn und Österreich wird er «Fogosch» genannt. Er ist sehr beliebt, weil er fettarm ist und festes, fast schneeweißes Fleisch hat. Nicht zuletzt deshalb ist er vielseitig verwendbar.

Lachs marinieren

Foto 1 Gemüse putzen/schälen, zerkleinern. Im Mixer fein hacken oder durch den Fleischwolf drehen, in eine Gratinform oder in eine andere geeignete Form füllen, würzen.

Foto 2 und 3 Die Fischfilets mit grobem Meersalz würzen.

Foto 4 Die Fischfilets mit der Gemüsemasse «einpacken». Im Kühlschrank bei 0 °C 2 bis 4 Tage marinieren.

Lagerung

Sehr frischer Lachs kann in der Marinade bis zu einer Woche bei 0 °C bis 2 °C aufbewahrt werden.

Saibling in Alufolie gegart

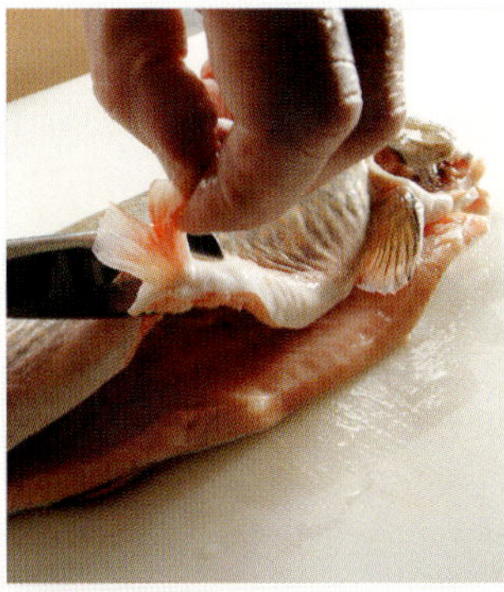
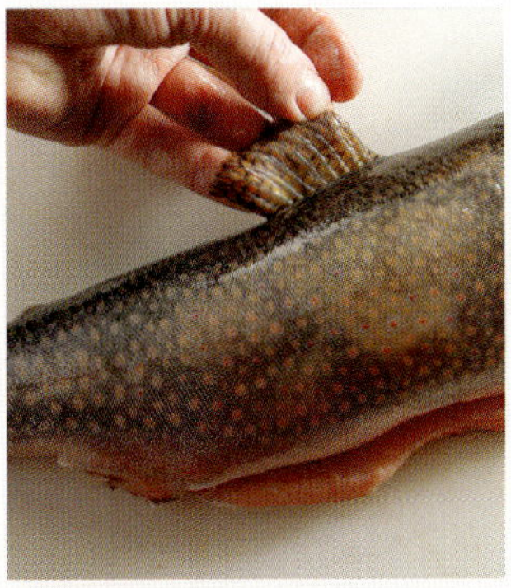

Foto 1 Den Fischbauch aufschneiden und ausnehmen. Kiemen und Bauchflossen wegschneiden.

Foto 2 Die Rückenflosse am Fisch belassen.

Foto 3 Den Fisch auf eine mit Olivenöl eingefettete Alufolie legen, innen und außen mit Salz und Pfeffer würzen.

Foto 4 und 5 Fisch mit reichlich feinen Gemüsestreifen und Kräutern wie Salbei und Gewürzfenchel füllen.

Foto 6 Den gefüllten Fisch in die Folie einpacken, auf ein Blech legen, im vorgeheizten Ofen bei 180 °C backen.

Foto 7 und 8 Nach etwa 15 Minuten ist ein 300 g schwerer Saibling gar. Garprobe: die Rückenflosse muss sich ohne Widerstand herausziehen lassen.

Tipp

Anstelle der Alufolie kann man auch Pergamentpapier verwenden.

Tatar von Goldbrasse und Lachs

für 4 Personen als Vorspeise

Goldbrassentatar

150 g Goldbrassenfilet
Fleur de Sel
frisch gemahlener Pfeffer
⅛ Limette, Saft
Dillblüten
½ dl/50 ml kaltgepresstes Distelöl
fein geschnittene Kräuter

Lachstatar

250 g marinierter Lachs, Seite 16
1 TL milder Senf
⅛ Limette, Saft
½ dl/50 ml Olivenöl extra nativ
½ Bund Schnittlauch, fein geschnitten

Sprossen für die Garnitur

1 Für das Goldbrassentatar die Fischfilets gut parieren, damit nur noch das weiße Fleisch übrig bleibt, dieses mit einem scharfen Messer nicht zu fein hacken. Mit Fleur de Sel, Pfeffer aus der Mühle, Limettensaft und Dillblüten würzen. Distelöl mit einer Gabel untermischen. Aus dem Tatar auf Tellern Burger formen, Rand mit Kräutern bestreuen.

2 Für das Lachstatar den marinierten Lachs frühestens 30 Minuten vor dem Servieren mit einem scharfen Messer fein hacken – im Mixer/Cutter würde das Tatar matschig. Kalt stellen. Unmittelbar vor dem Servieren Senf, Limettensaft und Olivenöl unterrühren, nach Belieben mit Salz und Pfeffer abschmecken. Auf Tellern Burger formen, Rand mit Schnittlauch bestreuen.

Variante

Ebenso gut wie Goldbrasse eignen sich für das Tatar Seeteufel, Petersfisch, Meerwolf oder Steinbutt. Wichtig ist, dass der Fisch sehr frisch ist.

Marinierter Lachs mit Kartoffelcrêpes

für 10 Personen als Vorspeise

1 kg frisches Lachsfilet mit Haut

Marinade
200 g Zwiebeln
100 g Lauch, ohne grobfasrige Teile
je 50 g Karotten und Knollensellerie, geschält
je 20 g Dill, Petersilie und Schnittlauch
10 g Senfpulver
10 Korianderkörner, zerstoßen
5 Pimentkörner, zerstoßen
10 Pfefferkörner, zerstoßen
60 g Meersalz
20 g Zucker
frisch gemahlener Pfeffer

Kartoffelcrêpes
400 g fest kochende Kartoffeln
1 Ei, verquirlt
Muskatnuss
Salz
frisch gemahlener Pfeffer
100 g Butter

Zitronenscheiben für die Garnitur
Radieschen für die Garnitur

1 Für die Marinade Gemüse und Kräuter durch den Fleischwolf drehen oder fein hacken. Senfpulver, zerstoßene Gewürze, 30 g Salz und allen Zucker untermischen. Lachsfilet mit restlichem Salz und Pfeffer würzen. Die Hälfte des Gemüsemix in eine Form verteilen, Lachsfilet mit der Haut nach unten darauf legen, mit dem restlichen Gemüse bedecken. Im Kühlschrank mindestens 24 Stunden, aber nicht länger als 48 Stunden marinieren.

2 Kartoffeln schälen und auf der Röstiraffel reiben, in einem Sieb gut ausdrücken. Kartoffeln mit dem Ei vermengen, würzen. Einen Teil der Butter in einer beschichteten Brat- oder Gusseisenpfanne erhitzen. Die Kartoffelmasse mit einem Esslöffel portionieren und in der Bratpfanne dünn verteilen und rund formen, die Crêpes goldbraun braten. Warm stellen.

3 Den Lachs aus der Marinade nehmen. Mit einem flexiblen Messer (Lachsmesser) in feine Scheiben schneiden.

4 Lachs und Kartoffelcrêpes auf Tellern anrichten. Mit Zitronenscheiben und Radieschenstiften garnieren.

Gemüserösti mit mariniertem Lachs

für 4 Personen als Vorspeise

150 g marinierter Lachs, Seite 16,
in 12 feinen Scheiben
1 Zweig Dill, fein geschnitten

3 EL Olivenöl extra nativ
60 g geschälte Kartoffeln
40 g geschälte Karotten
80 g Fenchel
80 g geschälter Knollensellerie
60 g Zucchino, ungeschält
Salz
frisch gemahlener Pfeffer
fein geschnittenes Fenchelkraut

1 Kartoffeln auf der Röstiraffel grob reiben, mit einem Küchentuch oder mit Küchenpapier trockentupfen. Karotte, Fenchel, Knollensellerie und Zucchino (getrennt halten) auf der Röstiraffel grob reiben.

2 Olivenöl in einer beschichteten Brat- oder Gusseisenpfanne erhitzen. Als erstes die Kartoffeln schön braun braten, immer wieder mit einer Gabel lockern, damit die Kartoffelraspel nicht zusammenkleben. Karotten, Fenchel und Sellerie in die Pfanne geben, mit Salz und Pfeffer würzen, einige Minuten mitbraten, Zucchini zugeben und mitbraten, Fenchelkraut unterrühren.

3 Lachsscheiben und Gemüserösti auf vorgewärmten Tellern anrichten, mit Dill bestreuen.

Variante
Auch geräucherte Fischfilets wie Heilbutt, Aal oder Thunfisch eignen sich für diese Zubereitung.

Geräucherter Lachs mit asiatischer Gewürzsauce

für 4 Personen als Mahlzeit

8 Wildlachsfilets, je 60 g
2 EL Olivenöl extra nativ
Fleur de Sel

zum Räuchern
«Räuchern», Seite 96
4 Schalotten, grob gehackt
1 großes Stück Ingwerwurzel, geschält, grob gewürfelt
2 Knoblauchzehen, gehackt
2 Zitronengrasstängel, fein geschnitten
1 TL Korianderkörner, zerstoßen
1 TL Kümmelsamen, zerstoßen

Gewürzsauce
1 TL Olivenöl extra nativ
20 g Schalotten, fein gehackt
100 g Salatgurke, geschält, entkernt, gewürfelt
½ dl/50 ml Weißwein
3 dl/300 ml Fischfond, Seite 169
Salz
frisch gemahlener Pfeffer
1 Stück Ingwerwurzel, geschält, fein gerieben
2 Kaffernlimettenblätter, fein geschnitten
1 dl/100 ml Kokosnussmilch
2 EL Selleriepüree, Seite 165

1 Die Zutaten zum Räuchern in einen geeigneten Kochtopf füllen und ohne Fettstoff erhitzen. Dann die Wärmequelle auf ⅔ Leistung zurückschalten, so sollte es zu einer optimalen Rauchentwicklung kommen. Die Lachsfilets mit Olivenöl einreiben und mit Fleur de Sel würzen, auf einem Gitter/Siebeinsatz in den Kochtopf legen, Deckel aufsetzen oder mit Alufolie verschließen. Nach etwa 10 Minuten sind die Lachsfilets fertig geräuchert und in der Mitte noch schön rosé.

2 Für die Gewürzsauce Schalotten und Gurken im Olivenöl andünsten, mit Weißwein ablöschen, einkochen lassen, Fischfond zugeben, würzen mit Salz, Pfeffer, Ingwer und Kaffernlimettenblättern, kochen lassen, bis etwa die Hälfte der Flüssigkeit eingekocht ist, Kokosmilch zugeben, aufkochen, Selleriepüree unterrühren.

Variante
Nach gleichem Rezept können Jakobsmuscheln, Scampi, Thunfisch und Steinbutt zubereitet werden.

Lachsschnitzel mit Sauerampfersauce

für 4 Personen als Mahlzeit

600 g Lachsfilet, 8 Portionen
2 EL Olivenöl extra nativ
Fleur de Sel
1 EL Gemüsewürfelchen (Brunoise)

Sauce
1 TL Olivenöl extra nativ
20 g Schalotten, fein gehackt
4 dl/400 ml Fischfond, Seite 169
Salz
frisch gemahlener Pfeffer
2 EL Selleriepüree, Seite 165
4 EL Olivenöl extra nativ
5 Sauerampferblätter, in feinen Streifen

1 Backofen auf 160 °C vorheizen.

2 Lachs auf ein mit Olivenöl eingefettetes Blech legen, mit Fleur de Sel würzen, im Öl wenden, Gemüsewürfelchen darüberstreuen. In der Mitte in den Ofen schieben, bei 160 °C 1 Minute ziehen lassen, wenden, nochmals 1 Minute ziehen lassen. Ofentemperatur auf 60 °C zurückstellen, bei offener Ofentüre sinken lassen, bei geschlossener Ofentüre 10 bis 20 Minuten weitergaren, je nach Dicke der Fischstücke.

3 Für die Sauce Schalotten im Olivenöl andünsten, Fischfond zugeben, aufkochen, mit Salz und Pfeffer würzen, kochen lassen, bis die Hälfte der Flüssigkeit eingekocht ist, mit Selleriepüree binden, Olivenöl nach und nach unterrühren, nicht mehr kochen, Sauerampferstreifchen zugeben, nach Belieben abschmecken.

4 Lachs mit der schönen Seite nach oben auf vorgewärmten Tellern anrichten, mit der Sauce umgeben.

Variante
Sauerampfer durch Dill oder Schnittlauch ersetzen. Der Lachs kann auch geräuchert (Seite 96) oder gebraten werden.

Zanderfilets nach Frühlingsart

für 4 Personen als Mahlzeit

500 g Zander, 8 Portionen
2 EL Olivenöl extra nativ
Fleur de Sel
3 EL Gemüsewürfelchen (Brunoise)

Sauce
1 TL Olivenöl extra nativ
20 g Schalotten, fein gehackt
1 Frühlingszwiebel, klein gewürfelt
1 junge Knoblauchzehe, fein gehackt
4 dl/400 ml Fischfond, Seite 169
80 g frische grüne Erbsen
Salz
frisch gemahlener Pfeffer
5 EL Olivenöl extra nativ
Schnittknoblauch oder Schnittlauch, fein geschnitten

1 Für die Sauce Schalotten, Frühlingszwiebeln und Knoblauch im Olivenöl andünsten, mit Fischfond ablöschen, Erbsen zugeben, mit Salz und Pfeffer würzen, köcheln lassen, bis die Erbsen gar sind. Unmittelbar vor dem Servieren Olivenöl und Schnittknoblauch unterrühren.

2 Zanderstücke auf ein mit Olivenöl eingefettetes Blech legen, mit Fleur de Sel würzen, im Öl wenden, mit den Gemüsewürfelchen bestreuen. In der Mitte in den Ofen schieben, bei 160 °C 1 Minute ziehen lassen, wenden, nochmals 1 Minute ziehen lassen. Ofentemperatur auf 60 °C zurückschalten, bei offener Ofentüre Temperatur sinken lassen, dann bei geschlossener Ofentüre 10 bis 15 Minuten weitergaren, je nach Dicke der Fischstücke.

3 Zander mit der schönen Seite nach oben auf vorgewärmten Tellern anrichten, Sauce darübergießen.

Zanderfilet mit Petersiliensauce

für 4 Personen als Mahlzeit

600 g Zanderfilet mit Haut
2 EL Olivenöl extra nativ
Fischgewürz, Seite 169
30 g Butter zum Braten

Sauce
20 g Butter
20 g Schalotten, gehackt
150 g erntefrischer Blattspinat
3 dl/300 ml Fischfond, Seite 169
Salz
frisch gemahlener Pfeffer
3 EL Olivenöl extra nativ
½ Bund glattblättrige Petersilie, Blättchen abgezupft und fein geschnitten

1 Die Haut der Zanderfilets einschneiden, mit dem Fischgewürz würzen und dem Olivenöl bepinseln, marinieren.

2 Für die Sauce Schalotten und Spinat in der Butter andünsten, mit Fischfond ablöschen, mit Salz und Pfeffer würzen, 4 bis 5 Minuten köcheln lassen. Pürieren. Sauce unmittelbar vor dem Servieren aufkochen, je nach Konsistenz mit Fischfond verdünnen, eventuell nachwürzen, zuerst Olivenöl, dann Petersilie unterrühren.

3 Eine Bratpfanne aufheizen, Butter zugeben und erhitzen, bis sie nicht mehr schäumt, Zanderfilets hineinlegen, auf beiden Seiten je nach Dicke 4 bis 6 Minuten braten. Die Haut sollte knusprig gebraten sein. Das Einschneiden der Haut verhindert, dass sich die Fischfilets rollen.

4 Petersiliensauce mit den Fischfilets auf vorgewärmten Tellern anrichten.

Tipp
Der Spinat gibt der Sauce die grüne Farbe und bindet. Sehr gut eignen sich dazu auch frische grüne Erbsen.

Felchenfilet Zuger Art

für 4 Personen als Mahlzeit

8 Felchenfilets ohne Haut
20 g Schalotten, fein gehackt
Salz
frisch gemahlener Pfeffer
20 g Gemüsewürfelchen (Brunoise)
½ dl/50 ml Weißwein
1 dl/100 ml Fischfond, Seite 169
2 dl/200 ml Rahm/Sahne
1 EL Selleriepüree, Seite 165
30 g zimmerwarme Butter
frische Kräuter, z. B. Schnittlauch, Petersilie, Majoran, Thymian, fein geschnitten

1 Die Butter luftig aufschlagen, die Kräuter unterrühren.

2 Backofen auf 160 °C vorheizen.

3 Eine Gratinform oder eine flache Kasserolle ausbuttern, Schalotten auf den Boden verteilen, Fischfilets mit Salz und Pfeffer würzen, in die Form legen, Gemüsewürfelchen darüberstreuen, Weißwein und Fischfond dazugeben, auf der Kochplatte kurz aufkochen. Form in der Mitte in den Ofen schieben, bei 160 °C fertig garen, je nach Dicke der Fischfilets 2 bis 4 Minuten.

4 Die Fischfilets aus der Form nehmen, bei maximal 60 °C warm stellen.

5 Garflüssigkeit in eine Pfanne geben, auf die Hälfte einkochen lassen, Rahm zugeben, ein paar Minuten weiterkochen, Selleriepüree und Kräuterbutter unterrühren, abschmecken mit Salz und Pfeffer.

6 Kräutersauce auf vorgewärmte Teller verteilen, Felchenfilets darauf legen.

Variante
Felchen durch Saibling oder Lachs ersetzen.

Saibling mit Kürbissauce

für 4 Personen als Mahlzeit

600 g Saiblingfilets ohne Haut, 4 Portionen
2 EL Olivenöl extra nativ
Fleur de Sel
frisch gemahlener Pfeffer
20 g Gemüsewürfelchen (Brunoise)

Kürbissauce
20 g Butter
20 g Schalotten, gehackt
150 g fruchtiger Kürbis, z. B. Muscade de Provence, entkernt und geschält
2 dl/200 ml Fischfond, Seite 169
Salz
frisch gemahlener Pfeffer
½ TL Senf
½ Bund Schnittlauch, fein geschnitten
2 EL Olivenöl extra nativ

1 Backofen auf 160 °C vorheizen.

2 Saibling mit Fleur de Sel und Pfeffer würzen, auf ein mit Olivenöl eingefettetes Blech legen, Gemüsebrunoise darüberstreuen.

3 Für die Sauce Schalotten und Kürbis in der Butter andünsten, mit dem Fischfond ablöschen, mit Salz und Pfeffer würzen, köcheln lassen, bis der Kürbis sehr weich ist, 10 bis 15 Minuten. Pürieren. Unmittelbar vor dem Servieren die Kürbissauce aufkochen, Senf unterrühren, je nach Konsistenz mit Fischfond verdünnen, abschmecken, zuerst Olivenöl, dann Schnittlauch unterrühren.

4 Saiblingfilets in dem auf 160 °C vorgeheizten Ofen je nach Dicke 6 bis 10 Minuten dünsten.

5 Saibling auf vorgewärmten Tellern anrichten, Sauce darübergießen.

Variante
Diese Zubereitung eignet sich auch für viele andere Fische, besonders aber für Fische, deren Fleisch nicht kompakt ist und die beim Garen auseinander fallen, wie Kabeljau oder Flunder.

Karpfenfilet mit Pilzsauce

für 4 Personen als Mahlzeit

4 Karpfenfilets, 700 g
Salz
edelsüßes Paprikapulver
1 EL Olivenöl extra nativ
40 g geräucherter Speck, in feinen Streifen
50 g Schalotten, fein gehackt
½ Knoblauchzehe, fein gehackt
200 g Champignons, in feinen Scheiben
150 g grüne Peperoni/Paprikaschoten
1 Tomate
2 dl/200 ml Sauerrahm/saure Sahne
2 Zweige Majoran, Blättchen abgezupft
1 kleiner Bund glattblättrige Petersilie, Blättchen abgezupft und gehackt

1 Backofen auf 160 °C vorheizen.

2 Peperoni mit dem Sparschäler schälen, halbieren, Stielansatz und Kerne entfernen, die Hälften klein würfeln. Tomate schälen, Stielansatz kreisförmig herausschneiden, halbieren und entkernen, Hälften klein würfeln.

3 Haut der Karpfenfilets im Abstand von 3 cm einschneiden, mit Salz und Paprika würzen, in die Einschnitte je einen Speckstreifen legen.

4 Restlichen Speck im Olivenöl anbraten, Schalotten und Knoblauch mitdünsten, Champignons zugeben, weiterdünsten, nach 2 bis 3 Minuten Peperoni- und Tomatenwürfelchen unterrühren, mit Salz und Paprika würzen. Karpfenfilets darauflegen. In der Mitte in den Ofen schieben, bei 160 °C je nach Dicke der Filets 15 bis 20 Minuten garen. Fischfilets auf vorgewärmten Tellern anrichten.

5 Den Sauerrahm in die Fischpfanne geben, aufkochen, mit Salz und Paprika abschmecken, Majoran und Petersilie unterrühren, Karpfenfilets mit der Sauce umgießen.

Tipp
Mit frischen Nudeln oder einem Kartoffel-Fenchel-Püree, Seite 164, servieren.

Variante
Diese Zubereitung eignet sich auch gut für Zander. Die Garzeit kann variieren, je nach Dicke der Fischfilets.

Hecht, in Bier geschmort

für 4 Personen als Mahlzeit

1 Hecht, ca. 1 kg
frisch gemahlener Pfeffer
Salz
1 Lorbeerblatt
3 Gewürznelken
5 Pfefferkörner, zerstoßen

20 g Butter
100 g Zwiebeln, fein gehackt
150 g Lauch, grobfasrige Blätter entfernt, in feinen Streifen
200 g Karotten, geschält, in feinen Streifen
100 g Knollensellerie, geschält, in feinen Streifen
1 dl/100 ml Fischfond, Seite 169
3 dl/300 ml Weizenbier
2 dl/200 ml Sauerrahm/saure Sahne
2 EL Selleriepüree, Seite 165
1 kleiner Bund Schnittlauch

1 Backofen auf 160 °C vorheizen.

2 Den Hecht schuppen, Innereien ausnehmen. Fisch innen und außen salzen.

3 Zwiebeln in der Butter andünsten, Gemüsestreifen zugeben und etwa 3 Minuten mitdünsten, mit Fischfond und Bier ablöschen, Hecht auf das Gemüse legen, Gewürze darüber verteilen. Pfanne/Bräter zudecken. In den vorgeheizten Ofen schieben und bei 160 °C 25 Minuten garen (die Garzeit kann je nach Fischgröße stark variieren). Wenn sich die Rückenflosse mühelos herausziehen lässt, dann ist der Hecht gar (siehe step-by-step-Bild Seite 17). Hecht und Gemüse aus Pfanne/Bräter nehmen, bei 60 °C warm stellen.

4 Die Garflüssigkeit durch ein feines Sieb in eine Pfanne passieren, aufkochen, mit dem Selleriepüree binden, Sauerrahm unterrühren, erhitzen, mit Salz und Pfeffer abschmecken, Schnittlauch unterrühren.

5 Das Gemüse auf vorgewärmten Tellern anrichten. Fischfleisch von den Gräten lösen, auf das Gemüse legen, die Sauce darübergießen.

Dorsch, Kabeljau

Goldbrasse

Makrele

Rotbarbe

Rotbarsch, Goldbarsch

Roter Drachenkopf

Schellfisch

Seelachs, Köhler

Wolfsbarsch, Seebarsch

Barsch- und dorschartige Fische

Dorsch, Kabeljau

franz. cabillaud, morue; engl. cod

Der junge, noch nicht geschlechtsreife Fisch heißt Dorsch, der ausgewachsene Kabeljau. Er ist einer der am meisten konsumierten Fische. Sein Fleisch ist von hervorragender Qualität, fällt aber nach dem Garen leicht auseinander. Vielleicht ist das der Grund, weshalb er in der Gourmetküche noch immer vernachlässigt wird. In den nordischen Ländern werden viele Dorsche zu Klipp- und Stockfisch verarbeitet. Aus der Leber wird Lebertran gewonnen, der Rogen wird als Kaviarersatz angeboten. Es gibt etwa 200 Arten, die zur Familie der Dorsche zählen, zu Hause sind sie im Nordatlantik. Die Dorsche zählen zu den Magerfischen, der Fettgehalt liegt unter 1 %.

Goldbrasse

franz. daurade oder dorade royale; engl. gilthead seabream

Goldbrassen sind die feinsten und wohlschmeckendsten Fische aus der Familie der Brassen. Ihre Heimat ist das Mittelmeer und der Ostatlantik von Nordwestafrika bis zur Biskaya. Das Fleisch ist fest, zudem grätenarm und fast weiß. Am besten isst man die Goldbrasse vom Sommer bis in den Oktober. Sie eignet sich für alle Zubereitungsarten. Sehr frischen Fisch kann man auch roh als Tatar oder Carpaccio zubereiten.

Makrele

franz. maquereau; engl. mackerel

Die atlantische Makrele wird während der Sommermonate im nördlichen Atlantik in großen Mengen gefangen. Sie wird bis zu 50 cm lang und 5 kg schwer. Die Blasenmakrele, auch Mittelmeer-, Pacific- oder Spanische Makrele (Thazard) genannt, kommt vor allem im Pazifik, im Mittelmeer sowie im südlichen Schwarzen Meer vor. Sie gilt als die beste Makrele und ist der atlantischen sehr ähnlich. Die Makrele zählt zu den Fettfischen, beträgt doch ihr mittlerer Fettgehalt ca. 15 %. Sie ist aus diesem Grunde zum Räuchern sehr gut geeignet, wobei man am besten die ca. 200 g schweren Exemplare verwendet. Die Makrele hat einen hohen Anteil an essentiellen Aminosäuren, Mineralstoffen und Spurenelementen. Sie eignet sich für alle Zubereitungsarten.

Rotbarbe

franz. rouget barbet; engl. red mullet

Die Rotbarbe ist im Mittelmeer und Schwarzen Meer heimisch. Da dieser Fisch keine Galle hat, wird er auch «Schnepfe des Meeres» genannt. Er ernährt sich überwiegend von Krebsen und Weichtieren und wird höchstens 30 cm lang und bis zu 800 g schwer. Vorzuziehen sind die Portionsgrößen von 300 bis 400 g. Die Rotbarbe hat festes Fleisch und einen kräftigen Geschmack. Am besten schmeckt sie gebraten, gebacken oder grilliert.

Rotbarsch, Goldbarsch

franz. rascasse du nord, grand sébaste; engl. atlantic redfish, Norway haddock

Der Lebensraum dieses Fisches ist der Nordatlantik. Er kommt in großen Mengen vor und ist als günstiger Speisefisch sehr beliebt. Sein Fleisch ist weiß, mit einem Hauch von rosa, und von ziemlich fester Konsistenz. Der Fettgehalt beträgt ca. 4 %.

Roter Drachenkopf

franz. rascasse rouge; engl. large-scaled scorpionfish

Der rote Drachenkopf kommt im Mittelmeer und im südlichen Atlantik bis Senegal vor und ist vor allem in Frankreich sehr beliebt. Er wird maximal 50 cm lang. Sein aromatisches Fleisch ist weiß und fest. Kleine Exemplare sind ideal für Bouillabaisse, Eintöpfe und Fischsuppen. Obwohl nicht zur selben Familie gehörend, kann das auch vom roten und grauen Knurrhahn und Seekuckuck gesagt werden.

Schellfisch

franz. églefin, aiglefin; engl. haddock

Der Schellfisch gehört in die Familie der Dorsche, er wird bis zu einem Meter lang und 12 kg schwer. Er kommt im Nordatlantik wie auch in der Nordsee vor und zählt wie der Kabeljau zu den wichtigsten Konsumfischen. Sein Fleisch ist schön weiß, leider zerfällt es beim Pochieren oder Braten leicht. Der Fettgehalt ist mit ca. 0,1 % sehr gering.

Seelachs, Köhler

franz. colin, lieu noir; engl. coalfish, saithe

Der Seelachs kommt in der Nordsee und im Nordatlantik vor, er wird bis zu 1,2 Meter lang. Es gibt noch einigermaßen große Vorkommen, deshalb spielt er für die Fischereiwirtschaft eine wichtige Rolle. Das rötlichgraue Fleisch hat einen ausgeprägt würzigen Fischgeschmack. Wegen seiner unappetitlichen Farbe ist der Seelachs wohl nicht sehr beliebt bei den meisten Konsumenten. Große Mengen Seelachs werden zu Klipp- oder Stockfisch verarbeitet oder landen geräuchert als Lachsersatz in Konservendosen. Der Seelachs ist ein Magerfisch mit einem Fettgehalt von weniger als 1 % und verfügt über einen niedrigen Cholesterinwert sowie einen hohen Anteil an Phosphor.

Wolfsbarsch, Seebarsch

franz. bar, loup de mer; engl. bass, sea perch

Beheimatet ist der Wolfsbarsch im Ostatlantik von Senegal bis Südnorwegen, in der Nord- und Ostsee und auch im Mittelmeer. Den Wolfsbarsch aus dem Atlantik nennen die Franzosen «bar», denjenigen aus dem Mittelmeer «loup de mer». In Europa ist er der begehrteste und daher auch meist der teuerste Meeresfisch. Es werden große Anstrengungen unternommen, den Fisch auch zu züchten. Zu den Festtagen kommen schon ansehnliche Mengen zum gleich hohen Preisen wie für wildlebenden Seebarsch auf den Markt. Er zählt zu den Magerfischen, hat ein feines Aroma und festes, weißes Fleisch.

Im Dampf garen

Foto 1 Wasser, Weißwein, Zwiebeln, Lauch, Kräuter und Gewürze wie Kümmel, Koriander, Pfeffer und Fond in den Kochtopf geben und einige Minuten kochen.

Foto 2 Fischfilets entsprechend persönlicher Vorliebe dezent oder kräftig mit Meersalz, Pfeffer, Zitronengras, frischen Kräutern wie Dill, Schnittlauch, Fenchelkraut oder Petersilie würzen, auf den Dämpfaufsatz legen.

Foto 3 Dämpfaufsatz auf/in den Topf legen, Fisch bei mittlerer Hitze zugedeckt garen.

Foto 4 Nach etwa 3 Minuten sind die Fischfilets milchig-weiß und gar.

Hinweis
Alle Fische eignen sich für diese Garmethode.

Rotbarbe filetieren

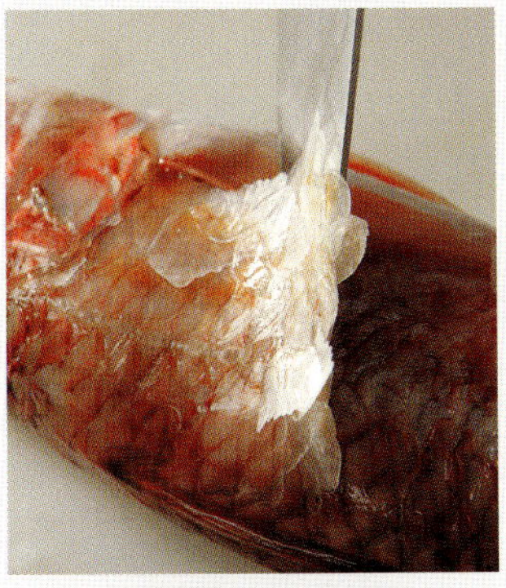

Foto 1 Die Schuppen vom Schwanz zum Kopf hin mit einem speziellen Fischschupper oder mit einem Messer wegschaben.

Foto 2 Mit einer Messerspitze den Bauch der Rotbarbe aufschneiden. Innereien herausnehmen. Fisch unter fließendem Wasser gut spülen.

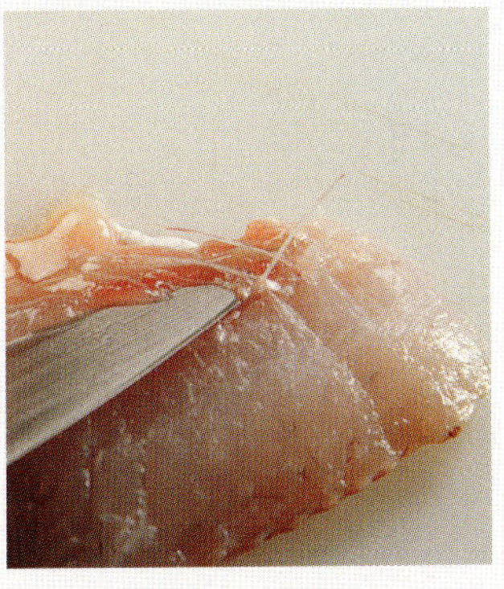

Foto 3 Die beiden Filets vom Kopf- zum Schwanzende herausschneiden.

Foto 4 Die Bauchgräten herausschneiden.

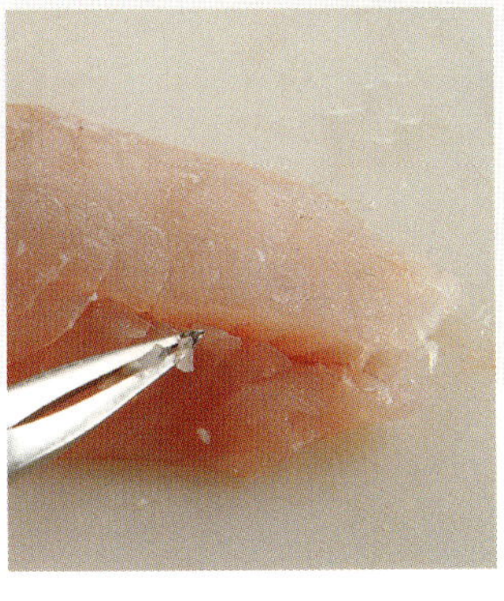

Foto 5 Die feinen Gräten mit flacher Zange oder Pinzette aus dem Fischfleisch herausziehen.

Hinweis
Wie die Rotbarbe können auch alle anderen Rundfische wie Forelle, Wolfsbarsch usw. filetiert werden.

Nudelsalat mit Kabeljau

für 4 Personen als Vorspeise

250 g Kabeljaufilet, groß gewürfelt
2–3 Blätter Zitronenmelisse, fein geschnitten
Fischgewürz, Seite 169
2 EL Olivenöl extra nativ zum Braten

50 g frische Nudeln, Seite 162
80 g Gemüsestreifen von Lauch, Karotte, Knollensellerie und Zucchino

Dressing
1 EL milder grobkörniger Senf
2 EL Fischfond, Seite 169
1 Limette, Saft
Salz
frisch gemahlener Pfeffer
6 EL Olivenöl extra nativ

Zitronenmelisse für die Garnitur

1 Für das Dressing Senf, Fischfond und Limettensaft gut verrühren, mit Salz und Pfeffer würzen, Olivenöl unterrühren.

2 Nudeln und Gemüsestreifen im Salzwasser al dente kochen, etwa 2 Minuten.

3 Kabeljau mit Fischgewürz und Zitronenmelisse würzen. Die Bratpfanne aufheizen, Olivenöl zugeben, Kabeljauwürfel rundum kurz braten.

4 Heiße Nudeln und Gemüsestreifen mit dem Dressing mischen, eventuell nachwürzen. Auf vorgewärmten Tellern anrichten, Kabeljauwürfel darauf legen. Mit abgezupften Zitronenmelisseblättchen garnieren.

Linsensuppe mit Kabeljau

für 4 Personen als Vorspeise

10 g Butter
30 g durchwachsener Speck, fein geschnitten
2 Frühlingszwiebeln, in feinen Ringen
60 g grüne Linsen
je 50 g Fenchel, Knollensellerie und Karotte, geputzt/geschält, klein geschnitten
7 dl/700 ml Gemüsefond, Seite 166, oder Rinderbrühe, Seite 167
Salz
frisch gemahlener Pfeffer
2 Tomaten, geschält, geviertelt, entkernt
Zwiebelgrün, in Röhrchen
1 Zweig Thymian, Blättchen abgezupft
150 g Kabeljaufilet, groß gewürfelt
Butter für das Blech

1 Linsen etwa 12 Stunden in lauwarmem Wasser einweichen, in ein Sieb abgießen, kalt abspülen.

2 Backofen auf 180 °C vorheizen.

3 Speck und Zwiebelringe in der Butter andünsten, Linsen und Gemüse zugeben, mit dem Gemüsefond auffüllen, bei schwacher Hitze etwa 10 Minuten kochen, mit Salz und Pfeffer würzen, Tomaten, Zwiebelröhrchen und Thymian zugeben, weitere 5 Minuten köcheln.

4 Kabeljauwürfel auf ein gebuttertes Blech legen, mit ein wenig Salz und Pfeffer würzen, für 2 Minuten in den auf 180 °C vorgeheizten Ofen schieben, herausnehmen und zum Nachgaren in die heiße Suppe legen, die nicht mehr kochen darf.

Varianten
Für diese Suppe eignen sich eigentlich alle Fische.

Goldbrasse mit geröstetem Sellerie

für 4 Personen als Vorspeise

150 g Knollensellerie
Traubenkernöl
Fleur de Sel
frisch gemahlener Pfeffer

200 g Goldbrassenfilets, in breiten Streifen
Fleur de Sel
frisch gemahlener Pfeffer
1 Zweig Estragon, fein geschnitten, oder
1 Bund Schnittlauch, fein geschnitten
1 EL Rahm/Sahne
20 g Butter zum Braten

Radieschenstifte
Sprossen
Blattsalat

Vinaigrette
2 EL Gemüsefond, Seite 166
1 TL Sherryessig
frisch gemahlener schwarzer Pfeffer
3 EL kaltgepresstes Sonnenblumen- oder Distelöl

1 Backofen auf 200 °C vorheizen.

2 Sellerie schälen und in sehr feine Scheiben schneiden, am besten mit einer Aufschnittmaschine oder einem Gemüsehobel. Backblech mit Traubenkernöl einfetten, Sellerie mit Salz und Pfeffer würzen, auf das Blech legen, im vorgeheizten Ofen bei 200 °C etwa 5 Minuten knusprig braten.

3 Goldbrassenfilets mit Salz, Pfeffer und Estragon würzen, Rahm darüber gießen, wenden. Die Bratpfanne aufheizen, Butter zugeben und aufschäumen lassen, Fischstücke beidseitig kurz braten.

4 Goldbrassenstreifen und Sellerie auf Tellern anrichten, mit Radieschen, Sprossen und Blattsalat garnieren, Vinaigrette darüber träufeln.

Varianten
Auch Kohlrabi- und Zucchinischeiben können im Ofen geröstet werden. Rascher ist dieses Gericht zubereitet, wenn man anstelle der Goldbrasse geräucherten Fisch wie Schillerlocken, Aal oder Heilbutt nimmt.

Minestrone mit Schellfisch

für 4 Personen als Vorspeise

2 EL Olivenöl extra nativ
30 g durchwachsener Speck, klein gewürfelt
50 g Zwiebeln, klein gewürfelt
100 g Lauch, in Streifchen
je 50 g Karotten, Knollensellerie, Wirz/Wirsing, Kartoffeln, geputzt/geschält, feinblättrig geschnitten
20 g Tomatenpüree
1½ l Gemüsefond, Seite 166, oder Rinderbrühe, Seite 167
Salz
frisch gemahlener Pfeffer
¼ TL Kümmelsamen
1 Zweig Majoran
20 g Spaghetti, in Stücke gebrochen
30 g gekochte Borlottibohnen
2 Tomaten, geschält, geviertelt, entkernt, gewürfelt
200 g Schellfischfilets, groß gewürfelt
5 Basilikumblätter, fein geschnitten
2 EL kräftiges Olivenöl extra nativ

1 Speckwürfelchen im Olivenöl anbraten, zuerst Zwiebeln und Lauch, dann restliches Gemüse zugeben und mitdünsten, Tomatenpüree unterrühren, mit Gemüsefond auffüllen, würzen mit Salz, Pfeffer, Kümmel und Majoran, kurz kochen, dann Spaghetti und Borlottibohnen zugeben, Gemüse weich kochen. Tomatenwürfelchen in der Suppe erhitzen.

2 Schellfischwürfel im Dampf kurz garen, damit sich die Poren schließen und das Eiweiß in der Suppe nicht ausflockt.

3 Schellfischwürfel und Basilikum zur Minestrone geben, mit Olivenöl abschmecken.

Variante
Für die Minestrone können auch Seeteufel, Steinbutt, Heilbutt usw. verwendet werden. Bei Verdoppelung der Zutaten wird aus der Vorspeise eine nahrhafte Mahlzeit.

Seelachsravioli

für 8 Personen als Vorspeise

250 g Nudelteig, Seite 162
feiner Weizengrieß zum Ausrollen
abgezupfte Kerbelblättchen

Füllung
200 g Seelachsfilet
Salz
frisch gemahlener Pfeffer
1 EL Dijonsenf
1 Zweig Fenchelkraut oder Dill, fein geschnitten
1 dl/100 ml gekühlter Rahm/Sahne

1 Eigelb zum Bestreichen

Butter zum Schwenken

1 Für die Füllung das Seelachsfilet kräftig würzen. Fisch mit einem scharfen Messer oder mit dem Schneidestab fein hacken. Fischmasse durch ein Sieb streichen, Senf und Fenchelkraut unterrühren, gekühlten Rahm nach und nach unterrühren.

2 Den Nudelteig in 2 Portionen teilen, auf der mit Weizengrieß bestreuten Arbeitsfläche 2 möglichst dünne, gleich große Bänder ausrollen. Oder den Nudelteig mit der Nudelmaschine ausrollen. Weizengrieß mit einem Backpinsel entfernen. Kerbelblättchen auf eines der beiden Teigblätter verteilen, zweites Teigblatt darauf legen. Mit dem Nudelholz sehr dünn ausrollen. Mit einem runden Ausstecher oder einem Wasserglas Rondellen ausstechen. Auf die Hälfte der Rondellen die Fischfüllung verteilen, Teigrand mit Eigelb einstreichen, mit einer zweiten Rondelle zudecken, gut andrücken. Ravioli auf ein mit Weizengrieß bestreutes Blech legen.

3 Ravioli in viel Salzwasser etwa 2 Minuten kochen. In ein Sieb abgießen, in wenig heißer Butter schwenken.

Rotbarbenfilets mit Rotweinsauce

für 4 Personen als Mahlzeit

500 g Rotbarbenfilets, ca. 12 Stück
Salz
frisch gemahlener Pfeffer
2 Thymianzweiglein, Blättchen abgezupft
½ dl/50 ml Olivenöl extra nativ

Rotweinsauce
2 dl/200 ml Fischfond, Seite 169
20 g Schalotten, fein gehackt
10 Korianderkörner, zerstoßen
1 Thymianzweiglein
2 dl/200 ml fruchtiger Rotwein, z. B. ein junger Châteauneuf-du-Pape
130 g kalte Butterstückchen

1 Fischfond, Schalotten, Koriander und Thymian kochen, bis fast alle Flüssigkeit verdunstet ist. Mit Rotwein auffüllen, aufkochen, durch ein Sieb passieren.

2 Fischfilets ein paar Minuten vor dem Braten mit Salz, Pfeffer, Thymian und Olivenöl marinieren.

3 Marinadenöl in einer beschichteten Bratpfanne erhitzen, Fischfilets insgesamt 3 bis 5 Minuten von beiden Seiten braten. Warm halten.

4 Passierte Rotweinsauce aufkochen, kalte Butterstückchen unter ständigem Rühren zugeben, so dass eine leicht gebundene Sauce entsteht, mit Salz und Pfeffer würzen. Sofort servieren.

Weinempfehlung
Zum Essen den gleichen Rotwein wie für die Sauce servieren.

Variante
Für eine leichte Sauce nur 60 g Butter nehmen, mit einem Esslöffel Selleriepüree, Seite 165, binden.

Wolfsbarsch mit Zucchiniragout

für 4 Personen als Mahlzeit

600 g Wolfsbarsch, 4 Filets, Haut eingeschnitten
2 EL Olivenöl extra nativ
Fleur de Sel
frisch gemahlener Pfeffer
8 Zucchinischeiben
50 g Butter zum Braten

Zucchiniragout
1 EL Olivenöl extra nativ
20 g Schalotten, gehackt
1 Msp gehackter Knoblauch
60 g Zucchini, geschält, klein gewürfelt
3 Tomaten, geschält, geviertelt,
entkernt, gewürfelt
Fleur de Sel
frisch gemahlener Pfeffer
1½ dl/150 ml Fischfond, Seite 169
2 Salbeiblätter, fein geschnitten

1 Für das Gemüseragout Schalotten und Knoblauch im Öl andünsten, Zucchini und Tomaten kurz mitdünsten, mit Salz und Pfeffer würzen, mit dem Fischfond auffüllen, köcheln lassen, bis die Zucchini gar sind, etwa 5 Minuten. Salbei unterrühren.

2 Backofen auf 160 °C vorheizen.

3 Wolfsbarschfilets mit dem Olivenöl beträufeln, mit Fleur de Sel und Pfeffer würzen. In einer heißen Bratpfanne die Butter aufschäumen lassen, die Fischfilets nur kurz auf der Innenseite anbraten, dann auf die Hautseite drehen, die Haut knusprig braten, 1 bis 2 Minuten, in den 160 °C heißen Ofen schieben und in etwa 5 Minuten auf der Hautseite fertig garen. Zucchinischeiben in der Fischpfanne mitbraten.

4 Zucchiniragout auf vorgewärmten Tellern anrichten, Wolfsbarschfilets mit der knusprigen Haut oben darauf legen. Zucchinischeiben dazulegen.

Varianten
Rotbarbe und Zander eignen sich ebenfalls. Die Zucchini können durch Salatgurken ersetzt werden.

Wolfsbarsch mit Topinambur

für 4 Personen als Mahlzeit

4 Wolfsbarschfilets, ca. 500 g
Fleur de Sel
Fenchelkraut
frisch gemahlener Pfeffer
Olivenöl extra nativ zum Marinieren
250 g Topinambur, geschält, in feinen Scheiben
50 g Butter zum Braten

Sauce
20 g Butter
20 g Schalotten, gehackt
100 g Knollensellerie, geschält, gewürfelt
50 g Kürbis, geschält, entkernt, gewürfelt
3 dl/300 ml Fischfond, Seite 169
Fleur de Sel
frisch gemahlener Pfeffer
20 g Gemüsewürfelchen (Brunoise)
½ Bund Schnittlauch, fein geschnitten
½ dl/50 ml Olivenöl extra nativ

1 Für die Sauce Schalotten, Sellerie und Kürbis in der Butter andünsten, mit Fischfond auffüllen, mit Salz und Pfeffer würzen, köcheln lassen, bis das Gemüse weich ist, pürieren. Kurz vor dem Servieren Sauce unter Zugabe der Brunoise aufkochen, je nach Konsistenz mit Fischfond verdünnen, Schnittlauch zugeben, Olivenöl unmittelbar vor dem Servieren einrühren.

2 Fischfilets mit Fleur de Sel, Fenchelkraut, Pfeffer und Olivenöl einige Minuten marinieren.

3 Topinambur in 20 g Butter knusprig braten.

4 Fischfilets in einer Bratpfanne in der restlichen Butter bei mittlerer Hitze braten, auf beiden Seiten 2 bis 3 Minuten.

5 Sauce auf vorgewärmte Teller verteilen, zuerst Topinamburscheiben, dann Wolfsbarschfilet darauf legen.

Goldbrasse mit Fenchel und Tomaten

für 4 Personen als Mahlzeit

500 g Goldbrassenfilets
Fleur de Sel
frisch gemahlener Pfeffer
2 EL Olivenöl extra nativ

Sauce
3 EL Olivenöl extra nativ
20 g Schalotten, fein gehackt
150 g Fenchel, klein gewürfelt
50 g getrocknete Tomaten, klein gewürfelt
3 dl/300 ml Fischfond, Seite 169
Fenchelkraut, fein geschnitten
Fleur de Sel
frisch gemahlener Pfeffer

1 Für die Sauce Schalotten und Fenchel in 2 EL Olivenöl andünsten, Tomaten zugeben, mit dem Fischfond auffüllen, köcheln lassen, bis der Fenchel weich und die Sauce leicht sämig ist. Vor dem Servieren Fenchelkraut und restliches Olivenöl unterrühren, mit Salz und Pfeffer abschmecken.

2 Backofen auf 160 °C vorheizen.

3 Goldbrassenfilets wenige Minuten vor dem Braten mit Fleur de Sel, Pfeffer, Fenchelkraut und Olivenöl marinieren. Bratpfanne aufheizen, Butter zugeben, aufschäumen lassen, Fischfilets beidseitig je 30 Sekunden anbraten. Im vorgeheizten Ofen bei 160 °C 2 Minuten fertig braten.

4 Sauce auf vorgewärmten Tellern anrichten, Fisch darauf legen.

Variante
Rotbarbe, Wolfsbarsch und Seeteufel eignen sich ebenfalls.

Kabeljau auf Randensauce

für 4 Personen als Mahlzeit

500 g Kabeljaufilet,
in 4 gleich großen Stücken
Fischgewürz, Seite 169
frisch gemahlener Pfeffer
2 EL Rahm/Sahne
30 g Butter

Randensauce
500 g kleine Randen/Rote Bete
1 TL Kümmelsamen
½ dl/50 ml Weißwein
1 dl/100 ml Fischfond, Seite 169
1 dl/100 ml Rahm/Sahne
20 g kalte Butterstückchen
10 g Roquefort

1 Die Randen schälen, im Salzwasser unter Zugabe des Kümmels in etwa 30 Minuten weich kochen, im Kochwasser erkalten lassen; dann in 5 mm dicke Scheiben schneiden.

2 Backofen auf 200 °C vorheizen.

3 Für die Sauce den Weißwein bis auf einen kleinen Rest einkochen, Fischfond zugeben, auf die Hälfte einkochen, Rahm zugeben, einige Minuten kochen. Unmittelbar vor dem Servieren kalte Butterstückchen und Roquefort in die kochende Sauce rühren, Randenscheiben in der Sauce erwärmen, mit Salz und Pfeffer abschmecken.

4 Fisch würzen, Rahm darübergießen, Fisch darin wenden, sodass er von einem dünnen Film überzogen wird. Bratpfanne aufheizen, die Butter zugeben und aufschäumen lassen, Kabeljaustücke 1 bis 2 Minuten anbraten, wenden, in den Ofen schieben, Fisch fertig braten, je nach Dicke der Stücke 7 bis 10 Minuten.

5 Randenscheiben mit der Sauce auf vorgewärmten Tellern anrichten, Kabeljau darauf legen.

Tipp
Der Roquefort gibt der Sauce eine raffiniert-würzige Note. Er muss sehr sparsam dosiert werden, damit er nicht zu sehr dominiert.

Varianten
Randen/Rote Bete durch Kohlrabi oder Knollensellerie ersetzen.
Auf die Sauce verzichten; Randenscheiben in wenig Butter oder Olivenöl schwenken und mit Schnittlauch oder Petersilie abschmecken.

Goldbrasse mit Ananassalbei

für 4 Personen als Mahlzeit

500 g Goldbrassenfilets ohne Haut, 4 Stück
4 EL Rahm/Sahne
Fleur de Sel
frisch gemahlener schwarzer Pfeffer
20 Blätter Ananassalbei
50 g Butter zum Braten

Artischocken-Tomaten-Coulis
1 dl/100 ml Olivenöl extra nativ
2 große Artischocken
½ Knoblauchzehe, fein gehackt
2 Tomaten, geschält, entkernt, gewürfelt
1 dl/100 ml Fischfond, Seite 169
Fleur de Sel
frisch gemahlener Pfeffer

1 Von den Artischocken alle Blätter abbrechen, den Stiel abschneiden, das Heu vom Boden kratzen (die pelzigen Fäden), die Artischockenböden in feine Scheiben schneiden.

2 Goldbrassenfilets ein paar Minuten vor dem Braten mit 4 EL Rahm, Fleur de Sel und schwarzem Pfeffer marinieren, Ananassalbei auf die Fischfilets verteilen.

3 Artischocken in wenig Olivenöl andünsten, Knoblauch und Tomatenwürfel zugeben, mit dem Fischfond ablöschen, würzen mit Fleur de Sel und Pfeffer, einige Minuten köcheln lassen. Unmittelbar vor dem Servieren restliches Olivenöl unterrühren.

4 Goldbrassenfilets in der Butter bei mittlerer Hitze beidseitig braten, insgesamt 3 bis 5 Minuten.

5 Artischocken-Tomaten-Coulis auf vorgewärmten Tellern anrichten. Goldbrassenfilets darauflegen.

Tipp
Mit Safranrisotto, Seite 163, oder Bratkartoffeln servieren.

Ananassalbei
Eine von über 300 Salbeisorten. Duftet dezent nach Ananas. Der Fisch ist auch ein Genuss mit einer anderen Salbeisorte oder anderen Kräutern.

Kohlrouladen mit Kabeljaufüllung

für 4 Personen als Mahlzeit

1 Wirz/Wirsing, ca. 800 g
Salz
frisch gemahlener Pfeffer
Kümmelsamen

Füllung
400 g Kabeljaufilet
frisch gemahlener Pfeffer
Salz
2 Zweige Majoran, Blättchen abgezupft
Salz
1 EL Rahm/Sahne

½ dl/50 ml Gemüsefond für die Form, Seite 166

Peperonisauce
10 g Butter
20 g Schalottenwürfelchen
¼ TL Paprikapulver
50 g rote Peperoni/Paprikaschote, klein gewürfelt
½ dl/50 ml Weißwein
1 dl/100 ml Fischfond, Seite 169
1½ dl/150 ml Rahm/Sahne
30 g kalte Butterstückchen
fein geschnittener Schnittlauch

1 Wirz in die einzelnen Blätter zerlegen, dicke Rippen herausschneiden. Wirzblätter im Salzwasser 2 bis 3 Minuten blanchieren, zum Abkühlen sofort in kaltes Wasser legen, auf einem Sieb abtropfen lassen.

2 Kabeljau klein würfeln, mit Salz, Pfeffer und Majoran würzen, Rahm unterrühren.

3 Wirzblätter mit Salz, Pfeffer und Kümmel würzen, bis auf die kleinsten Blätter zu 4 Portionen auslegen, die großen Blätter unten. Kabeljau in die Mitte geben, mit den kleinen Wirzblättern zudecken, zu Kugeln einschlagen, auf ein Tuch legen, zusammendrücken und auswringen, damit die Kohlrouladen beim Dünsten nicht auseinanderfallen.

4 Rouladen in eine ausgebutterte Gratinform oder flache Kasserolle legen, je ein Butterstückchen darauf legen, Gemüsefond zu den Rouladen gießen. Im vorgeheizten Ofen bei 180 °C 20 Minuten garen.

5 Für die Sauce Schalotten und Peperoni in der Butter andünsten, mit Paprikapulver bestäuben und mit Weißwein ablöschen, fast ganz einkochen lassen, Fischfond und Rahm zugeben, auf die Hälfte einkochen lassen. Zuletzt unter ständigem Rühren die kalten Butterstückchen unterrühren, so dass eine leicht sämige Sauce entsteht, mit Salz und nach Belieben mit Pfeffer abschmecken. Schnittlauch unterrühren.

Varianten
Die Peperonisauce wird leichter, wenn die kalte Butter durch 1 bis 2 Esslöffel Selleriepüree, Seite 165, ersetzt wird.
Gleiche Zubereitung mit Schellfisch, Rotbarsch oder Heilbutt.
Weniger geeignet ist Seezunge, weil sie vom Wirz zu stark dominiert wird.

Rotbarbenfilets mit Fenchel

für 4 Personen als Mahlzeit

600 g Rotbarbenfilets mit Haut,
8 bis 12 Filets
Fleur de Sel
frisch gemahlener schwarzer Pfeffer
½ Limette, Saft
2 kleine Fenchel, klein gewürfelt
fein geschnittenes Fenchelkraut
1 dl/100 ml Olivenöl extra nativ

1 Rotbarbenfilets nebeneinander in eine Schüssel legen. Fleur de Sel, schwarzen Pfeffer, Limettensaft, Fenchelwürfelchen und Fenchelkraut darüber verteilen, Olivenöl darüber gießen. Mindestens 30 Minuten marinieren. Die Filets ab und zu wenden.

2 Backofen auf 160 °C vorheizen.

3 Marinadenöl in einer genügend großen Pfanne bei mittlerer Temperatur erhitzen. Die Rotbarbenfilets mit der Hautseite nach oben zusammen mit dem Fenchel in die Pfanne geben und 30 Sekunden anbraten, wenden, in den auf 160 °C vorgeheizten Ofen schieben, in 3 bis 4 Minuten fertig garen. Fischfilets herausnehmen, warm halten. Die Fenchelwürfelchen müssen eventuell noch kurz weitergegart werden.

4 Die Rotbarbenfilets auf den Fenchelwürfeln anrichten, mit ein wenig Olivenöl beträufeln.

Tipps

Als Beilage passen Kartoffelpüree oder Risotto. Anstelle des Fenchels passen auch Gurken- oder Stangenselleriewürfelchen.

Flunder

Heilbutt

Rotzunge, Limande

Scholle, Goldbutt

Seezunge

Steinbutt

Plattfische

Flunder

franz. flet; engl. flounder

Die Flunder ist im Nordostatlantik, in der Ostsee und im westlichen Mittelmeer heimisch. Sie ist der Scholle sehr ähnlich. Das Fleisch enthält wenig Fett und eignet sich daher bestens zum Braten.

Heilbutt

franz. flétan; engl. halibut

Der Weiße oder auch Atlantische Heilbutt kommt im Nordostatlantik vor. Er ist der größte Plattfisch und kann 4 m lang und 300 kg schwer werden. Für die Küche sind jedoch die kleineren Exemplare bis zu 6 kg Gewicht vorzuziehen. Der Schwarze Heilbutt wird höchstens 1,2 m lang und 40 kg schwer. Er wird meist in arktischen Gewässern gefangen, lebt in Tiefen bis zu 2000 Metern und ernährt sich von kleineren Fischen und Krabben. Sein Fleisch ist fest, weiß und hat einen zarten Geschmack. Der Weiße Heilbutt zählt mit etwa 6 % Fettgehalt zu den mittelfetten Fischen, während der Schwarze Heilbutt mit 10 % Fettgehalt zu den fetten Fischen zählt. Der Heilbutt ist für alle Zubereitungsarten geeignet.

Rotzunge, Limande

franz. limande sole; engl. lemon sole

Die Rotzunge kommt im Nordostatlantik von der Biskaya über die Nordsee bis zum Weißmeer vor. Die pazifische Rotzunge wird im Nordpazifik von der Beringsee bis Niederkalifornien gefangen. Sie wird bis 4 kg schwer. Der Geschmack ist der Seezunge sehr ähnlich; die Filets der Rotzunge sind aber dicker und deshalb besser zu verarbeiten als diejenigen der Seezunge.

Scholle, Goldbutt

franz. plie, carrelet; engl. plaice

Die Oberseite des Fisches ist bräunlich mit orangefarbenen runden Flecken, die Unterseite ist weiß. Die Scholle lebt im Nordostatlantik von Portugal über die Nordsee bis zum Weißmeer, sowie im westlichen Mittelmeer. Sie wird fast einen Meter lang und bis zu 7 kg schwer. Im Fischgeschäft findet man den Fisch meistens in den praktischen Größen von ca. 500 g. Das Fleisch ist sehr fettarm und eignet sich ausgezeichnet zum Braten oder Grillen.

Seezunge

franz. sole; engl. common sole, Dover sole

Beheimatet ist die Seezunge im Nordostatlantik, von Senegals Küste bis zur Nordsee nach Trondheim, ebenso in der Ostsee und im Mittelmeer. Die Seezunge ist der Inbegriff für einen feinen Speisefisch. Weil die Nachfrage sehr groß ist, ist der Fisch entsprechend teuer. Seezungen können bis 3 kg schwer werden, die ideale Größe für die Küche liegt bei 600 g. Sie eignet sich für alle Zubereitungsarten, zum ganz Braten oder Grillen, die Filets zum Pochieren oder Backen. Mit ca. 2 % Fett und 17½ % Protein zählt die Seezunge zu den mittelfetten Fischen.

Steinbutt

franz./engl. turbot

Der Steinbutt kommt im Nordostatlantik, im Mittelmeer und in der Nord- und Ostsee vor. Er hat keine Schuppen, und seine bräunlichgraue Oberfläche ist gespickt mit «steinigen» Verknorpelungen, die ihm den Namen gegeben haben. Es lässt sich darüber diskutieren, ob der sehr hohe Preis für Steinbutt gerechtfertigt ist. Fest steht jedoch, dass die Qualität des Fisches, sein herrliches weißes Fleisch und der feine Geschmack kaum zu überbieten sind. Mit ca. 2 % Fett zählt er zu den mittelfetten Fischen, der Proteingehalt liegt bei 17 %. Mit seinem festen Fleisch eignet sich der Steinbutt für alle Zubereitungsarten, besonders gut schmeckt er gebraten oder gebacken.

Zur Familie der Butte zählen 13 Gattungen mit vielen Arten, darunter Glattbutt, Flügelbutt, Lammzunge oder Zungenbutt.

Seezunge filetieren

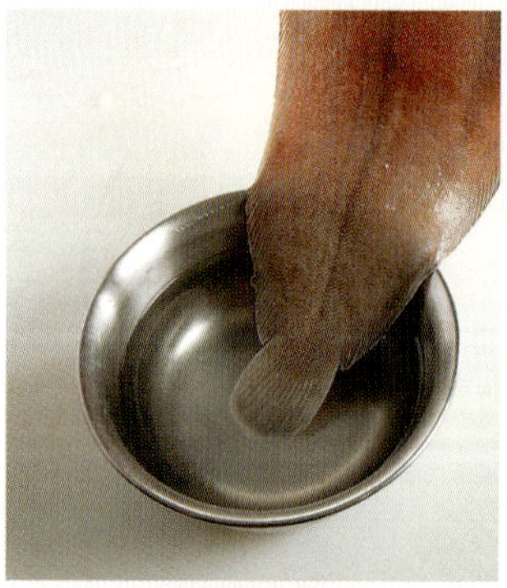

Foto 1 Seezungenschwanz 15 Sekunden in sehr heißes Wasser tauchen; so lässt sich die Haut vom Fleisch lösen.

Foto 2 Die Haut am Schwanzende einschneiden und lösen. Wenn das nicht geht, nochmals in sehr heißes Wasser eintauchen.

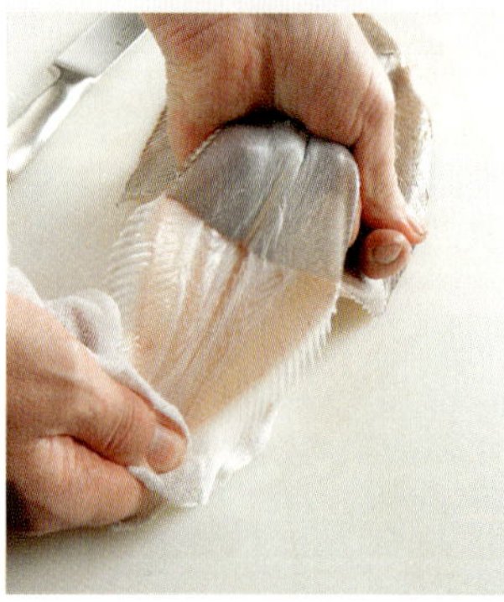

Foto 3 Mit der linken Hand die Seezunge festhalten und mit der rechten Hand die Haut abziehen. Eventuell ein Küchentuch nehmen, damit man den Fisch besser greifen kann. Wenn sich die Haut sehr schwer abziehen lässt, ist dies ein gutes Zeichen, d. h. die Seezunge ist frisch.

Foto 4 Den Kopf mit der Schere abschneiden.

Foto 5 Den Grätenkranz mit der Schere wegschneiden.

Foto 6 Die Innereien mit einem Messer herausschneiden.

Foto 7 Mit einem flexiblen, scharfen Messer die Filets auslösen.

Foto 8 Seezungenfilets zwischen zwei Klarsichtfolien legen.

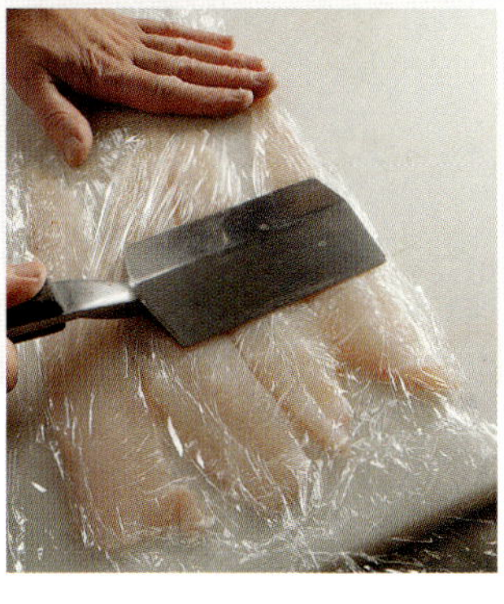

Foto 9 Die Filets über die ganze Länge nicht zu fest klopfen. Dieser Vorgang bewirkt, dass die Seezungenfilets beim Garen die Form behalten. Ohne Klopfen – in der Fachsprache heißt dies Plattieren – würden sich die Filets halbwegs einrollen.

Seezunge ganz braten

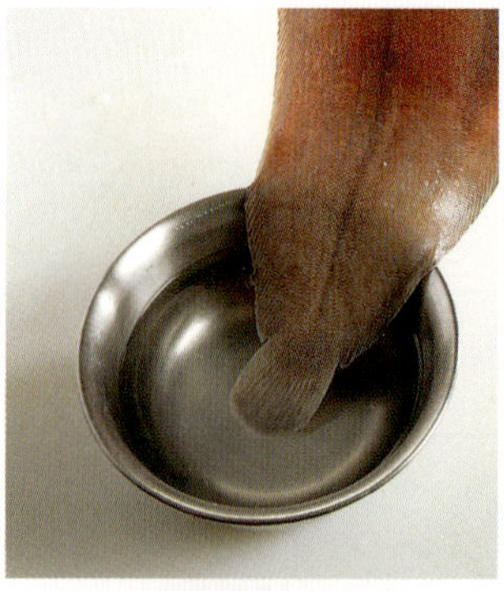

Foto 1 Seezungenschwanz 15 Sekunden in sehr heißes Wasser tauchen; so lässt sich die Haut vom Fleisch lösen.

Foto 2 Die Haut am Schwanzende einschneiden und lösen. Wenn das nicht geht, nochmals in sehr heißes Wasser eintauchen.

Foto 3 Mit der linken Hand die Seezunge festhalten und mit der rechten Hand die Haut abziehen. Eventuell ein Küchentuch nehmen, damit man den Fisch besser greifen kann. Wenn sich die Haut sehr schwer abziehen lässt, ist dies ein gutes Zeichen, d. h. die Seezunge ist frisch.

Foto 4 Den Kopf mit der Schere abschneiden.

Foto 5 Den Grätenkranz mit der Schere wegschneiden.

Foto 6 Die Innereien mit einem Messer herausschneiden.

Foto 7 Die vier Filets, angefangen am Kopfende, ungefähr bis zu einem Drittel von den Gräten schneiden, so wird später das dicke Kopfende und das dünne Schwanzende gleichmäßig gar.

In der Selleriekruste braten

Foto 1 Rahm/Sahne auf einen Teller oder ein Blech gießen. Nur so viel Rahm/Sahne nehmen, dass Fisch und Gemüse die Flüssigkeit aufnehmen können. Bei zu viel Flüssigkeit klebt der Fisch beim Braten möglicherweise. Fischfilet mit dem Fischgewürz würzen.

Foto 2 Fischfilet im Rahm wenden.

Foto 3 Selleriestreifchen beidseitig auf das Filet verteilen, sodass der Fisch rundum mit Sellerie «paniert» wird, andrücken.

Foto 4 Eine beschichtete Bratpfanne oder Gusseisenpfanne aufheizen. Viel Butter zugeben und heiß werden lassen. Sobald die Butter nicht mehr schäumt, das panierte Fischfilet in die Pfanne legen und bei mittlerer Hitze braten.

Foto 5 Sobald die Selleriestreifen braun gebraten sind, das Fischfilet mit einem breiten Spatel wenden und fertig braten. Wichtig: Den Fisch nicht zu früh wenden, sondern erst, wenn das Gemüse schön knusprig ist. Nachbraten schadet der Kruste.

Im Ofen bei 80 °C garen

Foto 1 Ein sehr gutes Olivenöl auf einen Teller oder ein Kuchenblech gießen. Nur so viel Öl nehmen, dass der Fisch von einem dünnen Film überzogen wird.

Foto 2 Heilbuttfilet in das Olivenöl legen, mit Salz würzen.

Foto 3 Heilbuttfilet im Öl wenden, die zweite Seite würzen. Gemüsebrunoise mit Kräutern, Knollensellerie, Karotte, Lauch, Zitronengras, Schnittlauch, Dill, Zitronenmelisse, Zitroneneisenkraut darüber streuen.

Foto 4 So sieht der Heilbutt aus, nachdem er im vorgeheizten Ofen bei 80 °C etwa 12 Minuten gegart worden ist. Das Fleisch ist milchig-weiß und fest und gibt auf Druck nicht mehr nach.

Hinweis
Diese schonende Garmethode bei 80 °C eignet sich für alle Fische. Bei einem dicken Filet kann die Garzeit bis zu 20 Minuten betragen. Die Fischfilets bleiben saftig und haben Biss. Der gegarte Fisch kann bei 60 °C bis zu 15 Minuten warm gehalten werden, ohne auszutrocknen und an Qualität einzubüßen.

Heilbuttfilet in Bratfolie gedünstet

für 4 Personen als Mahlzeit

500 g Heilbuttfilet, 4 Portionenstücke
je 50 g Karotten, Knollensellerie und Lauch, geputzt/geschält, in feinen Streifen
1 junger Salbeizweig, Blättchen abgezupft, in Streifchen geschnitten
Meersalz
frisch gemahlener Pfeffer
Butter

Sauce
10 g Butter
20 g Schalotten, gehackt
1,2 dl/120 ml Weißwein
2 dl/200 ml Fischfond, Seite 169
½ dl/50 ml Rahm/Sahne
1 EL Selleriepüree, Seite 165
1 Bund Schnittlauch, fein geschnitten
½ dl/50 ml Rahm/Sahne, steif geschlagen

4 Brat- oder Alufolien zum Einwickeln der Fischstücke
weiche Butter

1 Folien mit Butter einstreichen, Gemüsestreifen darauf verteilen, mit Salz und Pfeffer würzen, Fisch darauf legen, mit Salz, Pfeffer und Salbei würzen, Folie gut verschließen.
So vorbereitet kann der Fisch im Kühlschrank einige Stunden aufbewahrt werden.

2 Backofen auf 180 °C vorheizen.

3 Für die Sauce Schalotten in der Butter andünsten, mit dem Weißwein ablöschen, fast vollständig einkochen lassen, mit dem Fischfond auffüllen, auf die Hälfte einkochen lassen. Rahm zugeben, weiterkochen. Mit dem Schneebesen so viel Selleriepüree unterrühren, bis die Sauce leicht gebunden ist, mit Salz und Pfeffer würzen. Sauce unmittelbar vor dem Servieren nochmals erhitzen, Schnittlauch und Schlagrahm unterrühren, einmal aufkochen.

4 Die Fischpakete in der Mitte in den Ofen schieben, bei 180 °C etwa 12 Minuten garen. Bei der transparenten Bratfolie kann die Garstufe leicht überwacht werden, bei Alufolie muss das Paket geöffnet werden.

5 Heilbutt mit den Gemüsestreifen auf vorgewärmten Tellern anrichten, mit der Sauce umgeben.

Tipp
In der Folie gedünsteter Fisch bleibt saftig und behält seinen Eigengeschmack. Er kann auch gut vorbereitet werden.

Varianten
Vor der Zugabe des Schlagrahms einen Schuss Champagner oder guten trockenen Sekt unter die Sauce rühren. Für diese Zubereitung eignen sich alle Fische. Die Garzeiten können allerdings stark variieren. Bei Verwendung stark wasserhaltiger Gemüse, z. B. Zucchini und Tomaten, kann auf die Sauce ganz verzichtet werden: ein kalorienfreundliches Essen!

Seezungenröllchen mit Safransauce

für 4 Personen als Vorspeise

4 Seezungenfilets,
step-by-step Seiten 70/71
60 g roher oder marinierter Lachs, Seite 16,
in 4 dünnen Scheiben
Spinatblätter oder Nüssli-/Feldsalat
frische Dillspitzen

Safransauce
10 g Butter
20 g Schalotten, gehackt
15 Safranfäden
½ dl/50 ml Weißwein
1 dl/100 ml Fischfond, Seite 169
2 dl/200 ml Rahm/Sahne
30 g kalte Butterstückchen
½ dl/50 ml Rahm/Sahne, steif geschlagen
Salz
frisch gemahlener Pfeffer

1 Backofen auf 200 °C vorheizen.

2 Seezungenfilets zwischen zwei Klarsichtfolien gut klopfen (Seite 71), leicht salzen. Die Hautseite mit Spinatblättern und Lachs belegen, mit Salz und Dill würzen (bei mariniertem Lachs erübrigt sich das Würzen). Seezungenfilets von der dicken zur Schwanzseite hin eng einrollen, Röllchen nochmals leicht salzen. Eng nebeneinander in eine mit Butter eingefettete Alufolie einwickeln, in eine flache Kasserolle legen. Im Ofen bei 200 °C ca.14 Minuten dünsten.

3 Für die Sauce die Schalotten in der Butter andünsten, Safranfäden zugeben, mit dem Weißwein ablöschen, fast ganz einkochen lassen. Fischfond zugeben und um zwei Drittel einkochen. Rahm unterrühren, etwa 5 Minuten köcheln lassen, bis die Sauce leicht bindet, mit Salz und Pfeffer würzen. Unmittelbar vor dem Servieren die kalten Butterstückchen in die kochende Sauce rühren, Schlagrahm unterziehen.

4 Fischröllchen aus der Folie nehmen, halbieren. Sollten die Röllchen noch nicht ganz gar sein, dann mit der Schnittfläche nach oben auf die Folie legen und nochmals kurz in den Ofen schieben.

5 Die Safransauce auf vorgewärmte Teller verteilen, aufgeschnittene Fischröllchen darauf legen.

Seezungensülze

für 4 Personen als Vorspeise

4 Seezungenfilets, je ca. 80 g,
step-by-step Seiten 70/71
1 Karotte
Spinat- oder Bärlauchblätter
½ l Gemüse- oder Fischfond,
Seiten 166 und 169
10 Safranfäden
10 Korianderkörner, zerstoßen
1 Bund Dill
Salz
frisch gemahlener Pfeffer
6 Blatt Gelatine,
5 Minuten in kaltem Wasser eingeweicht
1 Hand voll Senfsprossen

1 Für das Gelee Gemüsefond mit Safran, Koriander und Dill einige Minuten köcheln lassen, mit Salz und Pfeffer kräftig würzen, von der Wärmequelle nehmen, ausgedrückte Gelatineblätter unterrühren, Fond durch ein feines Tuch passieren.

2 Karotte schälen, mit dem Sparschäler Streifen abziehen, 30 Sekunden blanchieren, unter kaltem Wasser abschrecken.

3 Ofen auf 200 °C vorheizen. 4 Suppentassen kühl stellen.

4 Die Seezungenfilets zwischen Klarsichtfolien gut klopfen (Seite 71), salzen, die Hautseite mit Spinatblättern und Karottenstreifen belegen, Filets von der dicken zur Schwanzspitze hin eng einrollen, die Röllchen nochmals salzen. Eng nebeneinander auf eine mit Butter eingefettete Alufolie legen und einrollen. Auf ein Backblech legen. Im vorgeheizten Ofen bei 200 °C 15 Minuten dünsten. In der Folie abkühlen, am besten in Eiswasser oder in den Kühlschrank legen. Seezungenröllchen halbieren, Saft mit Küchenpapier aufsaugen.

5 Wenn das Gelee beginnt dickflüssig zu werden, 1 cm hoch in die Tassen gießen, im Kühlschrank fest werden lassen, aufgeschnittene Seezungenröllchen mit der Schnittfläche nach unten auf das Gelee legen, ringsum die Hälfte der Senfsprossen verteilen, mit dem Gelee bedecken, im Kühlschrank fest werden lassen. Nie zu lange warten, weil sich sonst die einzelnen Schichten nicht miteinander verbinden. Nun restliche Seezungenröllchen und Sprossen in die Tassen geben, mit Gelee auffüllen. Zu dickes Gelee nochmals erwärmen. Die Zubereitung der Sülze dauert mindestens 6 Stunden. Am besten bereitet man sie am Vortag zu. Im Kühlschrank ist sie 3 Tage haltbar.

6 Vor dem Stürzen Tassen kurz in sehr heißes Wasser tauchen, Rand mit einem Messer leicht lösen, damit Luft dazwischen kommen kann. Mit Saisonsalaten garnieren, mit einer Vinaigrette oder Cocktailsauce servieren.

Linsensalat mit Schollenfilet

für 4 Personen als Vorspeise

250 g Schollenfilets, je nach Größe halbieren oder dritteln
2–3 Blätter Zitronenmelisse, fein geschnitten
Salz
frisch gemahlener Pfeffer
ca. 20 g Butter zum Braten

Linsensalat
10 g Butter
20 g Schalotten, fein gehackt
10 g Rohschinken, klein gewürfelt
100 g grüne Linsen
2 dl/200 ml Rinderbrühe oder Gemüsefond, Seiten 166 und 167
Salz
frisch gemahlener Pfeffer
1 TL Sherryessig
40 g Karotten, geschält, klein gewürfelt
20 g Knollensellerie, geschält, klein gewürfelt
1 Bund Schnittlauch, fein geschnitten
1 EL kaltgepresstes Maiskeimöl

Dressing
2 EL Fischfond, Seite 169
1 TL Balsamico
Salz
frisch gemahlener schwarzer Pfeffer
½ dl/50 ml kaltgepresstes Maiskeimöl

Saisonsalate für die Garnitur, z. B. Brüsseler Endivie/Chicorée, Portulak, Frisée, Kresse, Radieschen

1 Die Linsen über Nacht in lauwarmem Wasser einweichen, anderntags in ein Sieb abgießen und kalt abspülen.

2 Schalotten und Rohschinken in der Butter andünsten, Linsen und Rinderbrühe zugeben, mit Salz, Pfeffer und Sherryessig würzen, Gemüsewürfelchen unterrühren, weich garen. Es sollte keine Flüssigkeit mehr übrig bleiben. Schnittlauch und Maiskeimöl vor dem Servieren unterrühren.

3 Die Schollenfilets mit Zitronenmelisse, Salz und Pfeffer würzen. Eine Bratpfanne aufheizen, Butter zugeben, erhitzen, Schollenfilets beidseitig kurz braten, 1 bis 2 Minuten.

4 Den noch warmen Linsensalat anrichten, rundum mit Salat garnieren und diesen mit dem Dressing beträufeln, Fisch auf die Linsen legen.

Brokkolisuppe mit Heilbuttklößchen

für 4 Personen als Vorspeise

Brokkolisuppe
20 g Butter
50 g Zwiebeln, gehackt
20 g Knollensellerie, geschält, klein gewürfelt
200 g Brokkoli, Blume in Röschen gebrochen, Stiel geschält und gewürfelt
½ l Gemüsefond oder Rinderbrühe, Seiten 166 und 167
Salz
frisch gemahlener Pfeffer
frisch geriebene Muskatnuss
½ Bund Kerbel, fein geschnitten
2 EL Olivenöl extra nativ

Heilbuttklößchen
200 g Heilbuttfilet
2 cl trockener Vermouth (Noilly Prat)
Salz
frisch gemahlener Pfeffer
ein wenig frischer Dill, fein geschnitten
1 dl/100 ml Rahm/Sahne, sehr kalt
1 l Fischfond, seite 169, zum Pochieren

1 Heilbutt in kleine Stücke schneiden, mit Vermouth, Salz, Pfeffer und Dill würzen. Im Mixer oder mit dem Schneidestab fein pürieren, durch ein feines Sieb streichen, kalt stellen.

2 Für die Suppe Zwiebeln und Sellerie in der Butter andünsten, Brokkoli kurz mitdünsten, mit dem Gemüsefond ablöschen, aufkochen, das Gemüse bei schwacher Hitze weich garen, etwa 10 Minuten, würzen. Pürieren.

3 Gut gekühlten Rahm nach und nach unter die Heilbuttfarce rühren, eventuell nachwürzen. Den Fischfond auf 90 °C erhitzen. Von der Fischfarce mit Hilfe von 2 Esslöffeln gleich große Klößchen formen, im heißen Fischfond 5 Minuten ziehen lassen.

4 Brokkolisuppe aufkochen, Kerbel zugeben, würzen, Olivenöl unterrühren, nicht mehr kochen.

5 Brokkolisuppe in vorgewärmten Tellern anrichten. Heilbuttklößchen mit einem Schaumlöffel aus dem Fond nehmen, in die Suppe legen.

Varianten
Brokkoli durch Karotten, Wirz/Wirsing oder Lauch ersetzen. Für die Klößchen eignen sich auch andere eiweißreiche Fische wie Seelachs, Schellfisch, Lachs, Steinbutt, Seeteufel.

Seezungenfilets mit grünem Spargel

für 4 Personen als Mahlzeit

500 g Seezungenfilets,
step-by-step Seiten 70/71

10 g Butter
20 g Schalotten, gehackt
1½ dl/150 ml Fischfond, Seite 169
8 grüne Spargelstangen
1 dl/100 ml Rahm/Sahne
Salz
frisch gemahlener Pfeffer
20 g kalte Butterstückchen
1 Bund Kerbel oder Schnittlauch,
fein geschnitten
½ dl/50 ml Rahm/Sahne,
steif geschlagen

1 Untere Spargelhälfte schälen, Schnittstelle 2 cm kürzen. Spargelspitzen 8 cm lang abschneiden, im Dampf knackig garen, warm halten. Restlichen Spargel in 5 mm dicke Scheiben schneiden.

2 Backofen auf 80 °C vorheizen.

3 Die Seezungenfilets mit Salz und Pfeffer würzen, auf ein mit Butter eingefettetes Blech legen. In den auf 80 °C vorgeheizten Ofen schieben, etwa 10 Minuten garen. Wenn die Filets weiß und nicht mehr glasig sind und sich fest anfühlen, ist der Fisch gar.

4 Für die Sauce Schalotten in der Butter andünsten, mit dem Fischfond auffüllen, Spargelscheiben darin weich kochen. Nach ein paar Minuten Rahm unterrühren, weiterköcheln, mit Salz und Pfeffer würzen. Kalte Butterstückchen nach und nach unter die kochende Sauce rühren, Kerbel und Schlagrahm unterrühren, kurz aufkochen, sofort servieren.

5 Sauce auf vorgewärmten Tellern anrichten, Spargelspitzen und Seezungenfilets darauf legen.

Tipp
Mit Nudeln oder Kartoffeln servieren.

Variante
Weißen Spargel verwenden. Spargelscheiben etwa 1 Minute mit den Spargelspitzen kochen, dann in der Sauce fertig kochen. Damit kann verhindert werden, dass die Sauce bitter wird.

Cordon bleu von Steinbutt

für 4 Personen als Mahlzeit

400 g Steinbuttfilet, 4 dicke Stücke

Füllung
50 g weiche Butter
2 Msp Madras-Curry
1 Msp Rosenpaprikapulver
Salz
frisch gemahlener schwarzer Pfeffer
1 Zweig Dill, fein geschnitten
⅛ Limette, Saft

Panade
Mehl
2 Eier, verquirlt
Paniermehl aus entrindetem Weißbrot
ca. 50 g Butter zum Braten

1 Für die Füllung die Butter mit einem Schneebesen oder Rührstab rühren, bis sie weiß ist, Curry und Rosenpaprika unterrühren, abschmecken mit Salz und Pfeffer, Dill und Limettensaft unterrühren.

2 Steinbutt mit einem scharfen Messer tief einschneiden, aber nicht durchschneiden, aufklappen, zwischen Klarsichtfolien leicht klopfen, damit sie nicht zu dick sind, mit Salz und Pfeffer würzen. Die Kräuterbutter auf den Steinbuttfilets dünn verstreichen, zusammenklappen. Die Cordons bleus können jetzt nach Belieben 1 bis 2 Stunden kühl gestellt werden.

3 Cordons bleus im Mehl wenden; sie sollen von einer dünnen Mehlschicht umhüllt werden, das überflüssige Mehl gut abklopfen. Cordons bleus zuerst im verquirlten Ei und dann im Paniermehl wenden, ein wenig andrücken.

4 Die Bratpfanne aufheizen, Butter erhitzen, Cordons bleus auf jeder Seite 2 Minuten braten, aus der Bratpfanne nehmen, Fett mit Küchenpapier abtupfen. Sofort servieren.

Tipp
Mit dem Grünkernrisotto, Seite 163, servieren.

Varianten
Den Steinbutt durch Kabeljau oder Rotbarsch ersetzen. Für die Kräuterbutter Curry und Rosenpaprika durch einen milden Senf ersetzen.

Gebratene Seezunge

für 4 Personen als Mahlzeit

4 kleine Seezungen, je ca. 250 g
3 EL Rahm/Sahne
Fischgewürz, Seite 169
80 g Butter zum Braten

1 Seezunge ganz Braten: step-by-step, Seite 72.

2 Backofen auf 200 °C vorheizen.

3 Seezungen sparsam mit Rahm beträufeln, so dass sie mit einem dünnen Film überzogen werden, würzen. Rahm bewirkt, dass der Fisch beim Braten eine schöne goldbraune Farbe bekommt. Zudem schmeckt der Fisch feiner als mit Mehl bestäubt, etwa wie bei der traditionellen Zubereitung nach Müllerin Art. Eine große Bratpfanne aufheizen, Butter zugeben, sobald sie so heiß ist, dass der Schaum vergeht, Seezungen in die Pfanne legen und auf einer Seite braten, wenden, Seezungen in den Ofen schieben, bei 200 °C fertig braten, etwa 8 Minuten, von Zeit zu Zeit mit der Butter begießen. Wenn sich die Gräten gut lösen, ist der Fisch gar.

Variante
2 große Seezungen von je 600 g kaufen. Nicht die ganzen Seezungen servieren, sondern die gebratenen Filets von den Gräten lösen (siehe step-by-step Seite 71).

Butter
Man benötigt ein wenig Fingerspitzengefühl, damit die Butter beim Erhitzen nicht braun wird. Wichtig ist, dass die Bratpfanne gut aufgeheizt und dann die Butter zugegeben wird. Dabei sollte man den Fisch bereits in der Hand halten und in die Pfanne legen, bevor die Butter braun wird. So wird eine weitere Erhitzung der Butter gestoppt, und die Fische können bei leicht niedrigerer Temperatur weitergebraten werden. Butter gibt dem Fisch einen feinen, unvergleichlichen Geschmack und eine schöne goldgelbe Farbe.

Beilagen
Safran- oder Tomaten- oder Camargue- oder Getreide-Risotto.

Varianten
Saibling, Felchen, Scholle, Rotzunge, Rotbarbe und kleiner Steinbutt eignen sich ebenfalls für diese Zubereitung.

Heilbuttfilet in der Kartoffelkruste

für 4 Personen als Mahlzeit

500 g dickes Heilbuttfilet,
in 4 gleich großen Portionen
100 g fest kochende Kartoffeln
2 EL Rahm/Sahne
Fischgewürz, Seite 169
50 g Butter

4 Zucchini
10 g Butter

2 dl/200 ml Tomatenfond, Seite 115
Salz
frisch gemahlener Pfeffer
1 EL Olivenöl extra nativ
1 Bund Basilikum, Blätter abgezupft und
fein geschnitten

1 Kartoffeln schälen, auf einer feinen Reibe in Streifen raspeln, auf ein Tuch legen und trockentupfen. Zucchini am Blütenende kappen, gegen den Stielansatz fächerartig einschneiden, im Dampf etwa 3 Minuten garen.

2 Heilbutt würzen, im Rahm wenden, mit den Kartoffelstreifen panieren.

3 Zucchinifächer in etwa 10 g Butter schwenken, mit Salz abschmecken.

4 Butter in einer beschichteten Bratpfanne erhitzen, Heilbuttfilets zuerst bei starker, dann bei mittlerer Hitze auf beiden Seiten knusprig braten.

5 Tomatenfond erhitzen, mit Salz und Pfeffer abschmecken, zuerst Olivenöl, dann Basilikum unterrühren.

Varianten
Mit einer Senfsprossen- oder Gemüsesauce servieren. Andere Fische mit festem Fleisch, wie Steinbutt oder Seeteufel, eignen sich auch sehr gut für diese Zubereitung.

Heilbutt in Wacholdermilch pochiert

für 4 Personen als Mahlzeit

500 g Heilbuttfilet, in 4 Portionen
8 dl/800 ml Milch
1 Zwiebel, in feinen Scheiben
15 Wacholderbeeren
1 TL Senfpulver
Salz

Sauce
2 dl/200 ml Fischfond, Seite 169
1 EL milder Senf
4 EL Olivenöl extra nativ
Salz
frisch gemahlener Pfeffer

1 Milch, Zwiebeln, Wacholder und Senfpulver aufkochen, mit Salz würzen, 5 Minuten kochen, Hitze reduzieren, Heilbuttfilets in die Milch legen – sie sollten von der Milch bedeckt sein – bei 80 °C ziehen lassen. Die Milch darf nicht mehr kochen. Je nach Dicke der Filets beträgt die Garzeit 5 bis 10 Minuten.

2 Für die Sauce den Fischfond um einen Viertel einkochen lassen, Senf unterrühren. Im letztmöglichen Moment vor dem Servieren die Sauce nochmals erhitzen, Pfanne von der Wärmequelle nehmen, das Olivenöl mit dem Schneebesen oder Mixstab kräftig unterrühren, so dass eine sämige Sauce entsteht.

3 Fischfilets aus der Milch nehmen, auf einem Gitter kurz abtropfen lassen, auf vorgewärmten Tellern anrichten, mit der Sauce umgießen.

Tipp
Mit Blattspinat und Kartoffeln servieren.

Flunderfilets mit Kräuterkruste gebacken

für 4 Personen als Mahlzeit

600 g Flunderfilets
feines Meersalz
Olivenöl extra nativ

Kräuterkruste
2 EL helles Paniermehl (von entrindetem Weißbrot)
je 1 Bund Majoran, Basilikum und Schnittlauch
je 1 Zweig Rosmarin und Salbei
1 EL Olivenöl extra nativ
Salz
frisch gemahlener Pfeffer

1 Majoran, Basilikum und Salbei von den Stielen zupfen, Rosmarinnadeln abstreifen. Kräuter fein schneiden. Alle Zutaten für die Kräuterkruste mischen, mit Salz und Pfeffer würzen.

2 Backofen auf höchstmöglicher Oberhitze aufheizen.

3 Die Flunderfilets mit Salz würzen, auf ein mit Olivenöl eingefettetes Blech legen. Kräutermischung auf die Fischfilets verteilen.

4 Das Backblech in der Mitte in den Ofen schieben, Flunderfilets bei höchstmöglicher Oberhitze 3 bis 5 Minuten garen. Die Kräuterpanade soll schön knusprig werden.

Tipp
Mit Risotto oder Kartoffelpüree servieren.

Varianten
1 TL Senf und 1 Sardellenfilet (fein hacken) geben der Kräutermischung zusätzlich eine pikante Note. Seeteufel, Rotzunge, Steinbutt und Thunfisch eignen sich auch für diese Zubereitung.

Steinbuttfilet mit Wacholder gegrillt

für 4 Personen als Mahlzeit

500 g Steinbuttfilet, 4 gleich große Portionen
Fischgewürz, Seite 169
6 Wacholderbeeren, fein zerstoßen
2 EL Traubenkernöl
⅛ Limette, Saft
3 dl/300 ml Fischfond, Seite 169

Spinatsauce
10 g Butter
30 g Schalotten, fein gehackt
150 g Spinat ohne Stiele
5 Korianderkörner, zerstoßen
Salz
frisch gemahlener Pfeffer
½ dl/50 ml Rahm/Sahne, steif geschlagen

1 Für die Sauce die Schalotten in der Butter andünsten, mit dem Fischfond auffüllen, Spinat und Koriander zugeben, Blätter zusammenfallen lassen, Flüssigkeit abgießen, mit Salz und Pfeffer würzen, Spinat fein pürieren. Unmittelbar vor dem Servieren die Sauce erhitzen, eventuell nachwürzen, Schlagrahm unterziehen.

2 Fisch 30 Minuten vor dem Grillen aus dem Kühlschrank nehmen, denn zu kühler Fisch klebt gerne am Grill. Steinbutt mit Fischgewürz, Wacholder und Limettensaft würzen, mit Traubenkernöl beträufeln. Grill oder Grillpfanne auf mittlere Hitze (180 °C) vorheizen. Grillstäbe mit Öl einfetten. Fischstücke darauf legen, beidseitig grillen, insgesamt 8 bis 10 Minuten.

3 Gegrillten Steinbutt auf vorgewärmten Tellern anrichten, mit der Spinatsauce umgeben.

Tipp
Mit Grünkernrisotto oder Kartoffel-Fenchel-Püree servieren.

Varianten
Anstelle der Spinatsauce können auch Kräuterbutter, Cocktailsauce oder Selleriedressing zu gegrilltem Fisch serviert werden. Zum Grillen eignen sich große Fischstücke oder ganze Fische wie Makrele, Seezunge, aber auch Jakobsmuscheln, Riesenkrevetten/-garnelen oder Scampi.

Hai

Hering

Seeteufel

Petersfisch

Thunfisch

Meeresfische

Hai

franz. requin; engl. shark

Von den über 200 Haiarten sind nur einige wenige für den Speisezettel interessant. Leider herrscht immer noch eine furchtvolle Abneigung gegen diesen Raubfisch, die viele Konsumenten davon abhält, ihn einzukaufen.

Heringshai
(franz. requin-taupe commun, engl. porbeagle)
Im Nord- und Südatlantik und im Südpazifik heimisch. Mit Abstand der beliebteste Speisehai. Loben muss man das feste Fleisch und den an Kalbfleisch erinnernden Geschmack. Er wird auch unter den Namen Kalbfisch oder Seestör angeboten. Wegen seines festen Fleisches, das nicht so schnell auseinander fällt, eignet er sich für verschiedene Zubereitungsarten: Man kann ihn dämpfen, pochieren, braten, dünsten, backen, fritieren. Die dunkelroten Flecken, welche durch die äußeren Muskelpartien verlaufen, sollten immer herausgeschnitten werden. Das darin enthaltene Blut hat einen hohen Histaminwert, der zu allergischen Reaktionen führen kann. Dasselbe gilt auch für Thunfisch.

Dornhai
(franz. aiguillat commun, engl. spiny dogfish)
Kleiner Hai, der nur etwas größer als ein Meter wird. Er lebt in großen Schwärmen vor allem in den kühlen Gewässern der südlichen Halbkugel. Sehr oft wird der Dornhai unter der Bezeichnung Seeaal verkauft. Wir verzehren den Dornhai meist in Form von Schillerlocken. Dies sind die geräucherten Bauchlappen des Dornhais.
Haifische zählen zu den Fettfischen. Der mittlere Fettgehalt liegt bei 15 bis 20 %. Bei Schillerlocken erhöht er sich auf 24 %. Auch der Proteingehalt ist mit 21 % recht hoch.

Hering

franz. hareng; engl. herring

Der Atlantische Hering kommt im Nordatlantik und in der Ostsee vor. Der Pazifische Hering ist vor Korea bis Japan, von Alaska bis Kalifornien heimisch. Etwa ein Drittel aller Fischfänge fallen auf heringsartige Fische. Im Atlantik mussten Fangquoten eingeführt werden, da der Heringsbestand durch die jahrelange Überfischung stark gefährdet war. Aufgrund der Nährwerte ist der Hering der wohl wertvollste Fisch für unsere Ernährung. Er zählt zu den Fettfischen mit einem mittleren Fettgehalt von ca. 15 %.

Matjes ist ein noch nicht geschlechtsreifer Hering, für den von Mitte Mai bis Anfang Juni Saison ist.
Grüner Hering heißt der frische, unbehandelte Hering.
Bückling ist der heiß geräucherte Hering, am besten zu genießen von Ende Juni bis Oktober.
Rollmops ist das gerollte Heringsfilet, das meist mit Essiggurke in eine Essig-Salz-Marinade eingelegt wird.
Bismarckheringe sind in Essig eingelegte Heringsfilets.
Sardine zählt zur Familie der Heringe. Der junge Fisch wird bis zu 16 cm lang. Ausgewachsene Fische heißen Pilchard; sie werden höchstens 30 cm lang. Bei uns werden Sardinen selten als Frischfisch angeboten, obwohl sie gegrillt eine Delikatesse sind.
Sprotte ist ebenfalls eine Heringsart, die wir bei uns fast ausschließlich als geräucherten Fisch kennen. Berühmt sind die Kieler Sprotten.
Sardelle wird vor allem vor der spanischen, portugiesischen und italienischen Küste gefangen. Das Fleisch hat einen sehr intensiven Geschmack. Bei uns kann dieser Fisch fast nur als Konserve gekauft werden, entweder als Sardellenfilets in Öl eingelegt oder als Anchovis in Gewürzmarinade.

Seeteufel

franz. lotte, baudroie; engl. anglerfish

Der Seeteufel ist im Nordostatlantik, in der Nord- und Ostsee und im Mittelmeer zu Hause. Er ernährt sich von kleinen Fischen, die er durch zuckende Bewegungen mit seiner «Angel» anlockt. Er wird bis 2 m lang und 40 kg schwer. Der Kopf macht fast zwei Drittel seines Körpergewichts aus. Er hat einen dicken Mittelknochen, jedoch keine Schuppen. Das Fleisch ist grätenfrei und wohl deshalb so beliebt. Es erinnert an Languste und eignet sich für alle Zubereitungsarten. Der Eiweißanteil ist beachtlich. Der Fettgehalt liegt bei 3%.

Petersfisch

franz. Saint-Pierre; engl. John Dory

Der Petersfisch lebt im Mittelmeer, im Ostatlantik von Südafrika bis Norwegen und in den Gewässern um Neuseeland, Australien und Japan. Er wird bis 3 kg schwer, wobei die besten Exemplare zwischen 1 und 1,5 kg wiegen. Sein weißes Fleisch ist fest und hat einen geringen Fettgehalt, prädestiniert zum Braten in Butter oder zum Pochieren. Die Garzeit muss überwacht werden, weil der Fisch schnell austrocknet.

Thunfisch

franz. thon; engl. tuna

Der Thunfisch kommt in allen Meeren vor. Er ist vermutlich weltweit der wichtigste Fisch für die Fischindustrie. Der Rote Thunfisch ist der größte und wird bis zu 300 kg schwer. Er wird in großen Mengen gefangen. Der Weiße Thunfisch – Albacore – wird bis zu einem Meter lang und 30 kg schwer. Sein Fleisch ist sehr hell. Er gilt als der delikateste Thunfisch. Der gestreifte Thunfisch – der echte Bonito – wird vor der amerikanischen Küste in großen Mengen aus dem Meer gefischt. Das Thunfischfleisch erinnert an Kalbfleisch oder junges, zartes Rindfleisch. Thunfische haben einen hohen Eiweißgehalt und zählen mit einem Fettgehalt von rund 15% zu den Fettfischen. Frischer Thunfisch kann gebraten, pochiert, gegrillt oder in Dampf gegart werden.

Fischfilets räuchern

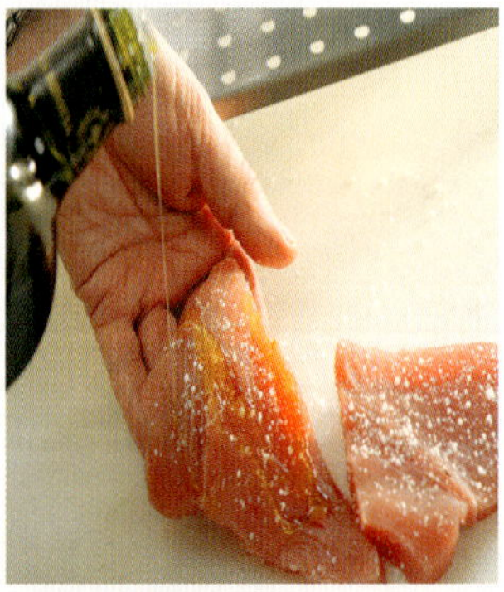

Foto 1 Schalotten, Knoblauch, Ingwer, Zitronengras, Kümmel- und Koriandersamen in eine Bratpfanne oder in eine Poissonnière (Fischpfanne) geben. Wärmequelle/Herdplatte bei mittlerer Hitze vorheizen. Bratpfanne/Poissonnière auf die Wärmequelle/Herdplatte stellen.

Foto 2 Fischfilets – im Bild ist Thunfisch – mit Fleur de Sel und ein wenig Olivenöl würzen.

Foto 3 Fischfilets auf einem Siebaufsatz in die Pfanne legen, Deckel aufsetzen oder Pfanne mit Alufolie hermetisch verschließen.

Foto 4 Je nach Dicke sind die Fischfilets nach 6 bis 12 Minuten geräuchert.

Hinweis

Zum Räuchern eignen sich nebst Thunfisch auch Lachs, Forelle, Saibling, Kabeljau und Heilbutt.

Fischfilet in Olivenöl gegart

Foto 1 Olivenöl in eine flache Sauteuse geben.

Foto 2 Gemüsewürfelchen, Knoblauch, Ingwer, Salz und Pfeffer zugeben.

Foto 3 Fischfilet mit Fleur de Sel und Pfeffer würzen.

Foto 4 Olivenöl auf 80 °C erhitzen. Fischfilet in die Sauteuse legen. Sauteuse zudecken und in den Backofen schieben, bei 60 °C garen. Je nach Dicke des Fischfilets beträgt die Garzeit 12 bis 25 Minuten, der Thunfisch im Bild ist fingerdick und hat eine Garzeit von 12 Minuten.

Foto 5 Für die Sauce den Fischfond erhitzen, mit dem Selleriepüree binden.

Foto 6 Restliches Olivenöl vom Garen des Fisches unter den heißen Fischfond rühren, mit Salz und Pfeffer abschmecken, sofort servieren.

Seeteufel am Knochen geschmort

mit Tomaten und Zucchini

Foto 1 Seeteufelfilet in 4 cm dicke Scheiben schneiden.

Foto 2 Seeteufelfilet häuten, d. h. die bräunliche Haut entfernen; es soll nur noch das weiße Fleisch bleiben.

Foto 3 Eine Sauteuse aufheizen, Schalotten, Knoblauch und Zucchini in wenig Olivenöl andünsten, Tomatenwürfelchen mitdünsten.

Foto 4 Weißwein und Fischfond zugeben, 2 bis 3 Minuten köcheln lassen.

Foto 5 Ein wenig Olivenöl in einer Sauteuse erhitzen, Fisch in die Sauteuse legen, mit Fleur de Sel würzen.

Foto 6 Das gedünstete Gemüse über den Fisch verteilen.

Fischquiche

Foto 1 Den Nudelteig dünn ausrollen.

Foto 2 Die Kuchenform mit Olivenöl einfetten.

Foto 3 Den Teig in die Form legen. Den überlappenden Teig wegschneiden.

Foto 4 Die Gemüsestreifen auf den Teigboden verteilen.

Foto 5 Fischstücke auf das Gemüse verteilen. Geschälte Tomaten vierteln, Stielansatz und Kerne entfernen.

Foto 6 Tomatenviertel zwischen die Fischstücke legen, restliches Gemüse darüber verteilen, Guss darüber gießen.

Foto 7 Mit Linsensprossen bestreuen.

Foto 8 Die Fischquiche in der Mitte in den Ofen schieben, bei 200 °C backen. Bei einem Durchmesser von 24 cm ist die Quiche nach 20 Minuten, bei 28 cm Durchmesser nach 25 Minuten gebacken. Die Quiche sofort aus der Form nehmen und auf einem Kuchengitter etwas abkühlen lassen; so bleibt der Teigboden knusprig.

Thunfisch-Carpaccio

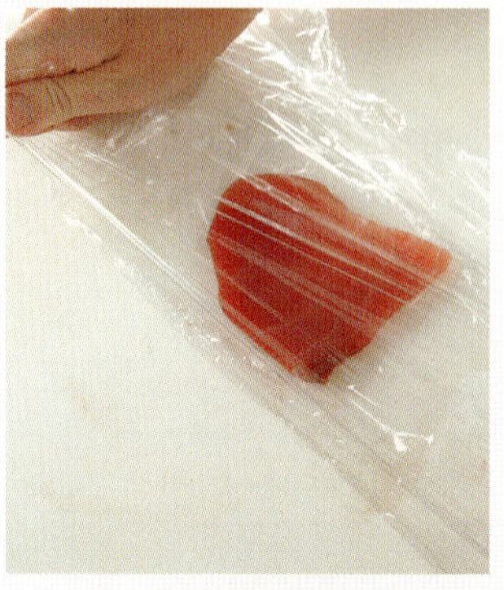

Foto 1 Thunfischfilet in nicht zu dünne Scheiben schneiden (Mittelstück in Sushi-Qualität kaufen).

Foto 2 Thunfischscheiben zwischen Klarsichtfolien legen.

Foto 3 Die Thunfischscheiben sehr dünn klopfen.

Foto 4 Ein wenig Olivenöl auf einen Teller oder ein Blech gießen, mit fein geriebener Ingwerwurzel, Pfeffer, Fleur de Sel und Limettensaft würzen.

Foto 5 Alle Zutaten verrühren.

Foto 6 Thunfischscheiben in der Marinade wenden, im Kühlschrank einige Minuten ziehen lassen.

Geräucherter Thunfisch auf Fenchel-Apfel-Salat

für 4 Personen als Vorspeise

Zutaten zum Räuchern
step-by-step, Seite 96
Schalotten, grob gewürfelt
1 Stück Ingwerwurzel
1 Knoblauchzehe
1 Stängel Zitronengras, fein geschnitten
1 TL Korianderkörner, zerstoßen
1 TL Kümmelsamen

ca. 250 g Thunfischfilet, in 4 Portionen
Fleur de Sel
2 EL Olivenöl extra nativ

Salat
1 großer Fenchel
1 Jonathan Apfel
½ Limette, Saft
2 EL Olivenöl extra nativ
Salz
frisch gemahlener Pfeffer

1 Grobfasrige Teile beim Fenchel entfernen, Fenchelknolle und Apfel mit Schale auf der Röstiraffel reiben, mit Limettensaft und Olivenöl vermengen, mit Salz und Pfeffer abschmecken.

2 Thunfisch mit Olivenöl einreiben, mit Fleur de Sel würzen.

3 Die Zutaten zum Räuchern in eine Pfanne geben, erhitzen. Einen Aufsatz auf die Pfanne legen, Thunfisch darauflegen, Deckel aufsetzen. Wärmequelle/Herdplatte auf ca. ⅔ Leistung einstellen; es sollte zu einer guten Rauchentwicklung kommen. Nach etwa 10 Minuten sind die Thunfischfilets fertig geräuchert und in der Mitte noch schön rosé.

4 Fenchel-Apfel-Salat anrichten, die warmen, geräucherten Fischstücke darauflegen. Sofort servieren.

Matjessalat mit grünen Bohnen

für 4 Personen als Vorspeise

8 Matjesfilets
200 g feine grüne Bohnen
1 Apfel, säuerliche Sorte,
z. B. Glockenapfel, Idared oder Boskoop
1 Zweig Dill, fein geschnitten

Sauce
1 EL milder Senf
1 EL Balsamico
4 EL Olivenöl extra nativ oder
4 EL kaltgepresstes Sonnenblumenöl
Salz
frisch gemahlener Pfeffer

1 Sehr salzige Matjesfilets kurz in kaltes Wasser legen. In 2 cm breite Streifen schneiden.

2 Bohnen putzen, über Dampf 10 bis 15 Minuten knackig garen, unter kaltem Wasser abkühlen, damit sie grün bleiben. Je nach Länge halbieren oder dritteln.

3 Apfel schälen, vierteln, entkernen, Fruchtviertel in Stifte schneiden.

4 Für die Sauce Senf und Balsamico verrühren, Olivenöl unterrühren, würzen.

5 Matjesfilets, Bohnen, Äpfel und Dill mit der Sauce sorgfältig vermengen.

Tipp
Für eine Mahlzeit Mengen verdoppeln, dazu in der Schale gekochte Kartoffeln mit Sauerrahm/saurer Sahne oder Butter servieren.

Fischquiche

step-by-step, Seite 99

für eine Kuchenform von 28 cm Durchmesser
für 8 Personen als Vorspeise

150 g Nudelteig, Seite 162

300 g verschiedene Fischfilets, z. B. Heilbutt, Seeteufel, Schellfisch, Dorsch, grob gewürfelt
150 g gemischtes Gemüse, z. B. Lauch, Knollensellerie, Karotten, geputzt/geschält, in feinen Streifen
2 Tomaten
1 Zweig Fenchelkraut, fein geschnitten
1 Bund Schnittlauch, fein geschnitten
1 Zweig Dill, fein geschnitten
20 g Linsensprossen

Guss
3 Eier
2½ dl/250 ml Rahm/Sahne
1 TL Pernod
Salz
frisch gemahlener Pfeffer

1 Backofen auf 200 °C vorheizen.

2 Nudelteig möglichst dünn ausrollen, in die mit Olivenöl eingefettete Form legen.

3 Tomaten schälen, vierteln, Stielansatz und Kerne entfernen.

4 Die Hälfte der Gemüsestreifen auf den Teigboden verteilen, Fischstücke darauflegen, Tomatenviertel zwischen den Fisch legen, restliche Gemüsestreifen darüber verteilen, mit Linsensprossen bestreuen, Guss darübergießen.

5 Form in der Mitte in den Ofen schieben, Quiche bei 200 °C 25 Minuten backen.

6 Fischquiche aus der Form nehmen, auf einem Kuchengitter einige Minuten abkühlen lassen, so bleibt der Teigboden knusprig. Portionieren, sofort servieren.

Varianten
Fischsorten und Gemüse können je nach Marktangebot variieren. Die Quiche kann auch in Portionenformen gebacken werden, die Backzeit beträgt dann rund 15 Minuten.

Thunfisch in Olivenöl gegart mit Kürbissauce

step-by-step, Seite 97

für 4 Personen als Vorspeise

250 g Thunfischfilet, in 4 Scheiben
Fleur de Sel
30 g Gemüsewürfelchen (Brunoise)
1 kleines Stück Ingwerwurzel, klein gewürfelt
1 Knoblauchzehe, fein gehackt
2 dl/200 ml Olivenöl extra nativ

Kürbissauce
20 g Butter
20 g Schalotten, gehackt
150 g mehliger Kürbis, geschält, entkernt, groß gewürfelt
10 g Bündner Fleisch, klein gewürfelt
2 dl/200 ml Fischfond, Seite 169
1 Msp Senf
Salz
frisch gemahlener Pfeffer
½ Bund Schnittlauch
2 EL Olivenöl extra nativ

1 Backofen auf 60 °C vorheizen.

2 Thunfisch mit Fleur de Sel würzen, etwa ⅓ der Gemüsewürfelchen darüberstreuen.

3 Olivenöl in einer passenden Sauteuse mit Ingwer und Knoblauch auf 80 °C erhitzen. Thunfischscheiben in die Sauteuse legen. In den Ofen schieben, Fisch bei 60 °C je nach Dicke 10 bis 20 Minuten garen, 1 bis 2 Mal wenden.

4 Für die Sauce Schalotten, Kürbis, Bündner Fleisch und restliche Gemüsewürfelchen in der Butter andünsten, mit dem Fischfond ablöschen, mit Salz und Pfeffer würzen, köcheln lassen, bis der Kürbis sehr weich ist, etwa 10 Minuten. Pürieren. Sauce erhitzen, Senf unterrühren. Eine zu dicke Sauce mit ein wenig Fischfond verdünnen, mit Salz und Pfeffer abschmecken. Schnittlauch und Olivenöl unterrühren.

5 Thunfisch auf vorgewärmten Tellern anrichten, mit der Kürbissauce umgießen.

Kartoffelsalat mit Thunfisch

für 4 Personen als Vorspeise

150 g Thunfischfilet, Sushi-Qualität
150 g Frühkartoffeln
50 g grüne Bohnen, geputzt, klein geschnitten
5 Sauerampferblätter, fein geschnitten
8 Cherrytomaten, halbiert

Sauce
1 EL milder Senf
1 EL Balsamico
1 TL Sherryessig
6 EL Olivenöl extra nativ
Fleur de Sel
frisch gemahlener Pfeffer

1 Kartoffeln in der Schale im Salzwasser weich kochen, noch warm schälen und in Scheiben schneiden.

2 Bohnen im Salzwasser knackig garen, mit kaltem Wasser abkühlen.

3 Für die Sauce Senf, Balsamico und Sherryessig verrühren, Olivenöl tropfenweise unterrühren, mit Fleur de Sel und Pfeffer würzen.

4 Thunfischfilet in kleine Würfel schneiden, mit Fleur de Sel und Pfeffer würzen.

5 Alle Zutaten mit der Sauce sorgfältig mischen, nach Belieben mit Salz und Pfeffer abschmecken.

Carpaccio von Thunfisch

step-by-step, Seite 100

für 4 Personen als Vorspeise

200 g Thunfischfilet, Sushi-Qualität,
in feinen Scheiben
3–5 EL Olivenöl extra nativ
½ Limette, Saft
1 kleines Stück Ingwerwurzel, fein gerieben
Fleur de Sel
frisch gemahlener schwarzer Pfeffer

Blattsalat für die Garnitur
Radieschen für die Garnitur

1 Olivenöl auf einen Teller geben, mit Limettensaft, Ingwer, Fleur de Sel und Pfeffer würzen.

2 Thunfischscheiben zwischen Klarsichtfolien dünn klopfen.

3 Fisch in der Marinade wenden. Maximal 10 Minuten kühl stellen, 1 bis 2 Mal wenden.

4 Thunfischscheiben auf Teller verteilen, mit Blattsalat und Radieschen garnieren.

Wichtig
Das Carpaccio muss gut gekühlt serviert werden.

Randensuppe mit mariniertem Thunfisch

für 4 Personen als Vorspeise

20 g Butter
1 kleine Zwiebel, gehackt
250 g rohe Randen/Rote Bete, geschält, gewürfelt
1 l Gemüsefond, Seite 166
Salz
frisch gemahlener Pfeffer
½ TL Kümmelsamen
5 Korianderkörner, zerstoßen
½ dl/50 ml Rahm/Sahne

100 g Thunfischcarpaccio, 4 Portionen, Seite 100

1 Zwiebeln und Randen in der Butter andünsten, mit der Geflügelbrühe auffüllen, aufkochen, mit Salz, Pfeffer, Kümmel und Koriander würzen, bei mittlerer Temperatur garen, bis die Randen sehr weich sind. Fein pürieren, Rahm unterrühren. Je nach Konsistenz mit ein wenig Geflügelbrühe verdünnen. Anrichten.

2 Thunfischcarpaccio separat anrichten oder auf die Suppenteller verteilen.

Markt
Randen/Rote Bete sollten max. 300 g schwer sein. Darauf achten, dass die Schale glatt und nicht weich und runzlig ist. Große Exemplare sind oft holzig und faserig.

Variante
Randen/Rote Bete durch Fenchel oder Knollensellerie ersetzen. Auch geräucherte Fischfilets sind als Einlage geeignet.

Kalte Kartoffelsuppe mit Matjes

für 4 Personen als Vorspeise

1 EL Olivenöl extra nativ
20 g Schalotten, gehackt
20 g Rohschinken, klein gewürfelt
50 g Lauch, in Streifchen
20 g Knollensellerie, geschält, klein gewürfelt
100 g mehlig kochende Kartoffeln, geschält, klein gewürfelt
½ l Rinderbrühe, Seite 167, oder Gemüsefond, Seite 166
Salz
frisch gemahlener Pfeffer
1 dl/100 ml Rahm/Sahne, gut gekühlt
50 g Gemüsewürfelchen (Brunoise) von Lauch, Knollensellerie und Karotte
4 Sauerampferblätter, in Streifchen, oder
1 Bund Schnittlauch, fein geschnitten

2 Matjesfilets, in Streifen
1 EL Sauerrahm/saure Sahne

1 Sehr salzige Matjesfilets kurz in kaltes Wasser legen.

2 Schalotten, Rohschinken, Lauch, Sellerie und Kartoffeln im Olivenöl andünsten, ohne dass die Zutaten Farbe annehmen, mit der Rinderbrühe auffüllen, würzen, köcheln lassen, bis alles gut weich ist, etwa 30 Minuten. Pürieren. Erkalten lassen.

3 Rahm, Gemüsewürfelchen und Sauerampfer unter die Suppe rühren. Anrichten. Matjesstreifen und Sauerrahm vermengen, zur Suppe geben.

Tipp
Eine erfrischende Vorspeise für warme Sommertage.

Varianten
Anstelle der Matjes einen gut geräucherten Fisch wie Heilbutt, Schillerlocken, Lachs oder Aal verwenden.

Seeteufel mit Kürbissauce und Tomaten

für 4 Personen als Mahlzeit

500 g Seeteufelfilet, in 1 cm dicken Scheiben
10 g Butter
50 g Schalotten, gehackt
2 dl/200 ml Fischfond, Seite 169
5 Safranfäden
1 Prise Madras-Curry
250 g Kürbis, geschält, entkernt, groß gewürfelt
4 reife, dunkelrote Fleischtomaten
1 Bund Basilikum, Blätter abgezupft und fein geschnitten
Salz
frisch gemahlener Pfeffer
2 EL kaltgepresstes Kürbiskernöl

1 Tomaten 3 Sekunden in kochendes Wasser tauchen, mit einem Schaumlöffel herausnehmen und in kaltem Wasser abkühlen, Tomaten schälen. Neuere Züchtungen mit zäher, dicker Haut müssen nicht blanchiert werden. Sie können problemlos mit dem Sparschäler geschält werden. Tomaten je nach Größe vierteln oder achteln, das Kerngehäuse herausschneiden. Kerngehäuse, Tomatenschalen und Saft der Tomaten ein wenig einkochen lassen, durch ein Sieb gießen, Fond auffangen.

2 Butter erhitzen, Schalotten andünsten, mit dem Fischfond auffüllen, Safranfäden, Curry und Kürbis zugeben, mit Salz und Pfeffer würzen, kochen, bis der Kürbis weich ist. Pürieren.

3 Seeteufelmedaillons im Dampf garen (step-by-step, Seite 40).

4 Tomaten im Tomatenfond erhitzen, mit Salz und Pfeffer würzen, Basilikum unterrühren.

5 Die Kürbissauce aufkochen, je nach Konsistenz ein wenig einkochen lassen. Kürbiskernöl unterrühren, mit Salz und Pfeffer nachwürzen.

6 Fischmedaillons auf vorgewärmten Tellern anrichten, mit der Sauce umgießen, Tomaten dazulegen.

Tipp
Mit einem Getreiderisotto servieren.

Petersfisch mit Linsen

für 4 Personen als Mahlzeit

600 g Petersfischfilets
2 EL Olivenöl extra nativ
Meersalz
frisch gemahlener Pfeffer

120 g grüne Linsen
½ l Gemüsefond, Seite 166, oder
Rinderbrühe, Seite 167
1 Zweig Majoran
1 EL Olivenöl extra nativ
50 g Schalotten, gehackt
½ l Fischfond, Seite 169
10 Safranfäden
50 g Gemüsewürfelchen von Knollensellerie,
Karotte und Lauch
1–2 Tomaten, geschält, entkernt,
klein gewürfelt

2 EL Selleriepüree, Seite 165

1 Linsen über Nacht in Wasser einweichen. Am nächsten Tag in ein Sieb abgießen und mit kaltem Wasser überbrausen. Im Gemüsefond unter Zugabe des Majoran bissfest garen, in ein Sieb abgießen.

2 Backofen auf 80 °C vorheizen.

3 Fischfilets im Olivenöl wenden, mit Salz und Pfeffer würzen, auf ein Blech legen, im Ofen bei 80 °C, 15 bis 20 Minuten garen.

4 Schalotten im Olivenöl andünsten, Fischfond und Safranfäden zugeben, etwa 5 Minuten köcheln lassen. Linsen, Gemüse- und Tomatenwürfelchen zugeben, Sauce mit dem Selleriepüree binden, ein paar Minuten köcheln lassen, mit Salz und Pfeffer würzen.

Variante
Linsen durch Rollgerste ersetzen.

Seeteufel-Piccata mit Bärlauchsauce

für 4 Personen als Mahlzeit

500 g Seeteufelfilet
Salz
frisch gemahlener Pfeffer
Mehl
2 Eier
10 g Kresse, fein gehackt
20 g Senfsprossen
Butter zum Braten

10 g Butter
20 g Schalotten, fein gehackt
4 dl/400 ml Fischfond, Seite 169
100 g kleinblättriger Spinat
50 g Selleriepüree, Seite 165
10 Bärlauchblätter, fein geschnitten
½ dl/50 ml Olivenöl extra nativ

1 Seeteufelfilet häuten, es soll nur noch das weiße Fleisch bleiben, in daumendicke Medaillons schneiden, mit Salz und Pfeffer würzen. Eier verquirlen, würzen, Kresse und Senfsprossen unterrühren.

2 Schalotten in der Butter andünsten, mit Fischfond auffüllen, einige Minuten kochen, Spinat 1 bis 2 Minuten mitkochen, fein pürieren. Unmittelbar vor dem Servieren Bärlauchsauce mit dem Selleriepüree aufkochen, kurz köcheln lassen, Bärlauch zugeben, abschmecken, Olivenöl unterrühren, nicht mehr kochen.

3 Die Bratpfanne aufheizen, Butter zufügen und erhitzen, bis der Schaum verschwindet. Seeteufelmedaillons im Mehl wenden, gut schütteln, damit möglichst wenig Mehl haften bleibt. Fischmedaillons durch die Eimasse ziehen, in der heißen Butter von beiden Seiten goldbraun braten. Sofort servieren. Wenn die Fischmedaillons stehen bleiben, ziehen sie rasch Flüssigkeit und verlieren die Kruste.

Tipp

Mit Grünkernrisotto, Seite 163, oder Risotto von rotem Camargue-Reis servieren.

Variante

Seeteufel durch einen anderen Fisch von fester Konsistenz ersetzen, z. B. Heilbutt, Steinbutt oder Petersfisch.

Petersfisch mit Currysauce

für 4 Personen als Mahlzeit

500 g Petersfischfilets
Salz
½ grüner Peperoni/Paprikaschote, entkernt, klein gewürfelt
frisch gemahlener Pfeffer

Sauce
10 g Butter
40 g Schalotten, fein gehackt
½ Glockenapfel, geschält, entkernt, klein gewürfelt
50 g Lauch, in Streifchen
1 TL milder Madras-Curry
3 dl/300 ml Fischfond, Seite 169
2 dl/200 ml Rahm/Sahne
Salz
frisch gemahlener Pfeffer
5 cl Champagner
½ dl/50 ml Rahm/Sahne, steif geschlagen

1 Für die Sauce Schalotten, Äpfel und Lauch in der Butter andünsten, mit Curry bestäuben, mit dem Fischfond ablöschen, einkochen lassen, bis nur noch sehr wenig Flüssigkeit übrig bleibt, Rahm zugeben, köcheln lassen, bis die Sauce die richtige Konsistenz hat, mit Salz und eventuell wenig Pfeffer würzen. Kurz vor dem Servieren die Sauce abermals erhitzen, Champagner und Schlagrahm unterrühren, einmal aufkochen.

2 Die Fischfilets mit Salz würzen, Peperoniwürfelchen über die Filets verteilen, im Dampf garen (Seite 40), je nach Größe und Dicke 3 bis 5 Minuten.

Tipp
Mit gedünstetem Stangen-/Staudensellerie und Reis servieren.

Variante
In Butter gebratener Petersfisch harmoniert ebenfalls mit der Currysauce. Anstelle von Peperoni können auch Fenchel- oder Selleriewürfelchen mitgedämpft werden.

Petersfisch mit Erbsensauce

für 4 Personen als Mahlzeit

500 g Petersfischfilets
Meersalz
frisch gemahlener Pfeffer
Zitronenmelisse, fein geschnitten
100 g Knollensellerie, Lauch, Karotten, geputzt/geschält, in feinen Streifen

Erbsensauce
600 g Erbsenschoten, Erbsen ausgelöst
1 kleine Zwiebel, gehackt
4 dl/400 ml Fischfond, Seite 169
5 Korianderkörner, zerstoßen
1 Bund Schnittlauch
½ dl/50 ml Rahm/Sahne

1 Erbsen und Zwiebeln mit Koriander im Fischfond weich garen, pürieren und durch ein Sieb streichen. Die Erbsensauce vor dem Servieren aufkochen, nach Belieben würzen, Schnittlauch und Rahm unterrühren.

2 Fischfilets mit Salz, Pfeffer und Zitronenmelisse würzen, auf den Dämpfaufsatz legen, fein geschnittene Gemüsestreifen darüber verteilen. Je nach Dicke der Filets 3 bis 5 Minuten dämpfen (Dämpfen: Seite 40).

3 Petersfischfilets mit den Gemüsestreifen auf vorgewärmten Tellern anrichten, mit der Sauce umgießen.

Markt
Frische Erbsen gibt es von Mai bis Juli. Die Sauce schmeckt mit frischen Erbsen viel besser als mit gefrorenen.

Tipp
Mit Kartoffeln servieren.

Variante
Die Erbsensauce passt auch zu gebratenem oder gegrilltem Petersfisch und Rotbarbenfilet. Rahm/Sahne kann durch 2 EL Olivenöl ersetzt werden.

Seeteufel auf Gemüserösti

für 4 Personen als Mahlzeit

500 g Seeteufelfilet, 12 Medaillons
3 EL Rahm/Sahne
Fischgewürz, Seite 169
Salbeiblätter
ca. 50 g Butter zum Braten

Gemüserösti
½ dl/50 ml Olivenöl extra nativ
150 g fest kochende Kartoffeln
50 g Karotten
200 g Fenchel
150 g Knollensellerie
100 g Zucchino
Fenchelkraut, fein geschnitten
1 Bund Schnittlauch, fein geschnitten

1 Kartoffeln, Karotten und Knollensellerie schälen, grobfasrige Teile des Fenchels entfernen, Zucchino beidseitig kappen. Kartoffeln und Zucchini auf der Röstiraffel in zwei getrennte Schüsseln raspeln, die übrigen Gemüse in eine dritte Schüssel raffeln. Kartoffeln in einem Küchentuch trocknen.

2 Fischmedaillons mit dem Fischgewürz würzen, im Rahm wenden, auf jeder Seite ein Salbeiblatt andrücken.

3 Für die Gemüserösti Olivenöl in einer großen beschichteten Bratpfanne oder Gusseisenpfanne erhitzen. Kartoffeln zugeben und unter Rühren braun braten, immer wieder kräftig schütteln, damit alle Streifen braun werden. Karotten, Fenchel und Kartoffeln zugeben und unter Rühren ebenfalls braten, am Schluss Zucchini, Fenchel und Schnittlauch zugeben und kurz mitbraten, mit Salz und Pfeffer würzen.
Bei zu kleiner Bratpfanne kann die Rösti auch im vorgeheizten Ofen bei 200 °C fertig gebraten werden.

4 Für die Fischmedaillons eine beschichtete Bratpfanne mit der Butter erhitzen, Rahm der Medaillons am Tellerrand abstreifen, damit möglichst wenig davon haften bleibt, beidseitig braten, je nach Dicke insgesamt 4 bis 6 Minuten.

5 Seeteufelmedaillons und Gemüserösti auf vorgewärmten Tellern anrichten.

Gemüserösti
Für dieses schnell zubereitete Gericht braucht man eine große Bratpfanne, denn die Kartoffeln und das Gemüse müssen dünnlagig gebraten werden, ansonsten werden sie nicht knusprig, ziehen Wasser und werden matschig.

Variante
Je nach Saison können auch Kohlrabi, Topinambur und Petersilienwurzel verwendet werden. Fenchel und Sellerie sollten immer dabei sein. Steinbutt, Heilbutt, Goldbrasse oder Thunfisch eignen sich ebenfalls für diese Zubereitung.

Fisch-Pot-au-feu mit Rollgerste

für 4 Personen als Mahlzeit

60 g Rollgerste
3–4 dl/300–400 ml Gemüsefond, Seite 166
1 Zweig Thymian, fein geschnitten

150 g Seeteufelfilet, 4 Medaillons
Meersalz
frisch gemahlener Pfeffer
wenig Butter
4 Rotbarbenfilets
4 ausgelöste Jakobsmuscheln
6 dl/600 ml Fischfond, Seite 169
10 Safranfäden
2 kleine Petersilienwurzeln, geschält, zerkleinert
wenig Knollensellerie, geschält, gewürfelt
2 kleine Karotten, geschält, in Scheiben
1 kleiner Brokkoli, in Röschen
1 Zucchino, in Scheiben
2 EL Olivenöl extra nativ

1 Rollgerste über Nacht in Wasser einweichen. Am nächsten Tag in ein feinmaschiges Sieb gießen, mit kaltem Wasser überbrausen. Gemüsefond, Rollgerste und Thymian erhitzen, Rollgerste etwa 10 Minuten weich garen.

2 Backofen auf 80 °C vorheizen.

3 Ein Blech mit Olivenöl einfetten, Seeteufelmedaillons darauflegen, mit Salz und Pfeffer würzen. In der Mitte in den Ofen schieben, bei 80 °C 15 Minuten garen.

4 Fischfond und Safranfäden aufkochen, Petersilienwurzeln, Sellerie, Karotten und Brokkoli zugeben und 5 Minuten kochen, Zucchini zugeben, weitere 3 Minuten kochen, Rollgerste zugeben, mit Salz und Pfeffer würzen. Olivenöl vor dem Servieren unterrühren.

5 Rotbarbenfilets und Jakobsmuscheln mit Salz und Pfeffer würzen, in der Butter braten.

6 Fisch und Muscheln in tiefen Tellern anrichten, Gemüsesuppe darübergießen.

Varianten
Das ist ein sehr leichtes, mildes Fischgericht. Wer es rassiger mag, rührt einen Teelöffel grobkörnigen Senf unter die Suppe. Gemüse je nach Saison variieren. Es können auch grüne Linsen verwendet werden.

Seeteufel mit Pfifferlingen

für 4 Personen als Mahlzeit

500 g Seeteufelfilet, in 1 cm dicken Medaillons
Meersalz
frisch gemahlener schwarzer Pfeffer
Fenchelkraut, fein geschnitten
1 EL Olivenöl extra nativ

Sauce
30 g Butter
20 g Schalotten, gehackt
150 g Eierschwämmchen/Pfifferlinge, halbiert oder geviertelt
2 dl/200 ml Fischfond, Seite 169
1 EL Selleriepüree, Seite 165
½ Bund Kerbel, fein geschnitten
2 EL Olivenöl extra nativ

1 Seeteufelmedaillons 30 Minuten vor dem Braten auf einen Teller legen, mit Salz, Pfeffer und Fenchelkraut würzen, mit dem Olivenöl beträufeln.

2 Schalotten in einer großen, flachen Sauteuse in der Butter andünsten, Eierschwämmchen zugeben, unter ständigem Rühren andünsten. Wenn die Pfifferlinge in der Pfanne nebeneinander Platz haben und bei starker Hitze angedünstet werden, sollten sie kein Wasser ziehen. Sollte es trotzdem zur Bildung von Flüssigkeit kommen, diese zuerst verdunsten lassen, dann den Fischfond zugeben. Mit Salz und Pfeffer würzen, einige Minuten kochen lassen, Selleriepüree unterrühren. Vor dem Servieren Kerbel und 2 EL Olivenöl unter die Pilzsauce rühren, kurz aufkochen, nach Belieben nachwürzen.

3 Seeteufelmedaillons im Marinadenöl bei mittlerer Hitze braten, je nach Dicke 3 bis 5 Minuten.

Varianten
Steinbutt, Goldbrasse und Petersfisch eignen sich ebenfalls für diese Zubereitung.

Fischterrine

für eine Terrinenform von 1,2 l Inhalt
(28 cm lang, 11 cm breit, 8 cm hoch)

für 15 Portionen

250 g Steinbutt, in langen, dicken Streifen
800 g verschiedene Fischfilets, z. B. Seeteufel,
Kabeljau, Heilbutt, in Stückchen
Meersalz
frisch gemahlener Pfeffer
2½ dl/250 ml Rahm/Sahne, gekühlt
200 g Spinat
1 Bund Dill, fein geschnitten
50 g feine grüne Bohnen, ohne Stielansatz
50 g Kohlrabi, geschält, in feinen Stäbchen
50 g Karotten, geschält, in feinen Stäbchen
1 Wirz/Wirsing, halbiert, Strunk entfernt,
in die einzelnen Blätter zerlegt

Saisonsalat
Rollgerstensalat, Seite 166
Cocktailsauce, Seite 168

1 Fische mit Salz, Pfeffer und Dill würzen.

2 Spinat im Salzwasser blanchieren, abgießen, mit kaltem Wasser abschrecken, gut ausdrücken und in einem Tuch trocknen, dann fein hacken. Bohnen, Kohlrabi und Karotten im Salzwasser knackig garen, mit kaltem Wasser abschrecken. Wirzblätter im Salzwasser kurz blanchieren, unter kaltem Wasser abschrecken, auf einem Küchentuch trocknen lassen.

3 Fischfilets, ohne Steinbutt, fein pürieren, durch ein Sieb streichen, in den Kühlschrank stellen.

4 Backofen auf 140 °C vorheizen.

5 Terrinenform mit Wirzblättern auskleiden, so viel überlappen lassen, dass die Terrine zugedeckt werden kann. Gekühlten Rahm nach und nach unter die gut gekühlte Fischfarce rühren. Es ist wichtig, dass beide Zutaten sehr kalt sind, denn so verbindet sich die Fischmasse besser mit dem Rahm.
Mit Salz und Pfeffer würzen. Fein gehackten Spinat unter die Hälfte der Fischfarce rühren. Weiße und grüne Farce abwechselnd in die Form füllen, Steinbuttstreifen gleichzeitig in die Mitte legen und Gemüse einstreuen. Fischterrine mit überlappendem Wirz zudecken. Terrinendeckel aufsetzen. Form in eine hohe Backform oder ein anderes geeignetes Gefäß stellen, bis auf ⅔ Höhe mit Wasser füllen. In der Mitte in den Ofen schieben, bei 140 °C 75 Minuten pochieren. Das Wasser darf nicht kochen. Terrine aus dem Wasserbad nehmen, Deckel entfernen. Terrine beschweren, z. B. mit einem zugeschnittenen Brett von 1 kg Gewicht. Erkalten lassen.
Vor dem Stürzen und Aufschneiden die Terrine am besten etwa 24 Stunden im Kühlschrank ruhen lassen.

6 Die Terrinenform kurz in heißes Wasser tauchen, Terrine auf ein Brett stürzen, mit einem scharfen Messser in Scheiben schneiden, anrichten, mit Saison- und Rollgerstensalat garnieren. Dazu eine Cocktailsauce servieren.

Seeteufel am Knochen geschmort

step-by-step, Seite 98

für 4 Personen als Mahlzeit

800 g Seeteufel mit Knochen,
in 4 cm dicken Scheiben
Olivenöl extra nativ
Fleur de Sel
frisch gemahlener Pfeffer

1 EL Olivenöl extra nativ
20 g Schalotten
1 Msp fein gehackter Knoblauch
80 g Zucchini, klein gewürfelt
2 Tomaten, geschält, geviertelt,
entkernt, klein gewürfelt
einige Kümmelsamen
Fleur de Sel
frisch gemahlener Pfeffer
½ dl/50 ml Weißwein
1½ dl/150 ml Fischfond, Seite 169
Fenchelkraut

1 Backofen auf 180 °C vorheizen. Eine Gratinform oder eine passende Sauteuse mit Olivenöl einfetten.

2 Seeteufelmedaillons mit Olivenöl beträufeln, mit Fleur de Sel und Pfeffer würzen.

3 Schalotten und Knoblauch im Olivenöl andünsten, Zucchini und Tomaten zugeben, kurz mitdünsten, Kümmelsamen unterrühren, mit Salz und Pfeffer würzen, mit dem Weißwein ablöschen und dem Fischfond auffüllen, kochen lassen, bis nur noch wenig Flüssigkeit vorhanden ist. Fenchelkraut unterrühren.

4 Die Fischmedaillons mit genügend Abstand in die Form/Sauteuse legen, Gemüse darüber verteilen. In der Mitte in den Ofen schieben, bei 180 °C 15 bis 20 Minuten garen. Wenn sich der Knochen lösen lässt, ist der Fisch gar.

Variante
Große Fischstücke, Jakobsmuscheln, Riesenkrevetten und Tintenfische können nach gleichem Rezept zubereitet werden.

Auster

Garnele

Hummer

Jakobsmuschel, Pilgermuschel

Kaisergranat, Tiefseekrebs, Scampo

Languste

Miesmuschel, Pfahlmuschel

Tintenfisch, Sepia

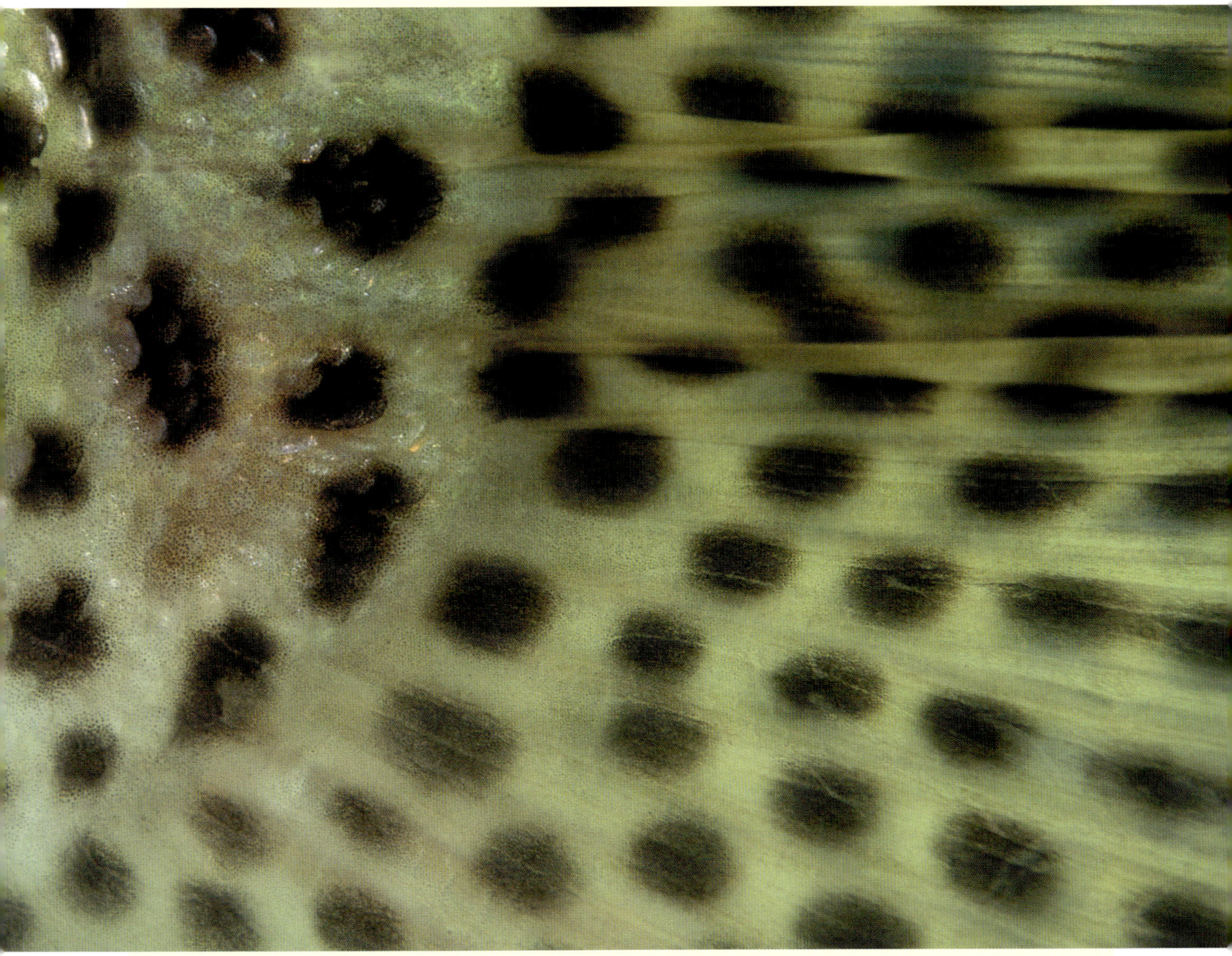

Meeresfrüchte, Krusten- und Schaltiere

Auster
franz. huître; engl. oyster

Die flachen Rundaustern von den Küsten Irlands und Englands sind zur Lieblingsauster bei Feinschmeckern geworden und haben die französischen Austern «Belon» abgelöst, die aber nach wie vor hervorragend sind. Aus Holland und Belgien kommen die ebenfalls flachen, runden «Imperial»-Austern. Nicht ganz so edel im Geschmack sind «Portugaise» oder auch Felsenaustern, welche länglich und bauchig sind und eine raue, zerklüftete Schale haben. Austern schmecken «pur» am besten, aber sowohl eine Austernsuppe als auch gebackene oder gratinierte Austern schmecken köstlich.

Garnele
franz. crevette; engl. prawn, shrimp

Garnelen sind zehnfüßige Schwimmkrebse aus dem Meer. Sie haben eine weiche Schale und besitzen keine Scheren. Bekannt sind rund 3000 Arten, welche in allen Weltmeeren vorkommen. Im Binnenland werden sie fast ausschließlich tiefgefroren angeboten: Große Mengen in guter Qualität kommen aus Asien, die Spitzenqualität jedoch stammt aus den kalten Gewässern.
Achten Sie beim Kauf auf Garnelen aus Wildfang. Garnelen, die in der Schale tiefgefroren wurden, sind besser und saftiger als geschälte. Eine Spezialität sind getrocknete Garnelen; sie werden in der asiatischen und südamerikanischen Küche häufig verwendet.

Hummer
franz. homard; engl. lobster

Der Hummer ist ein großgewachsener, zehnfüßiger Meereskrebs. Große Mengen kommen von der nordamerikanischen Atlantikküste und Kanada. Von bester Qualität ist aber der europäische Hummer aus Irland, Schottland und Norwegen. Im Gegensatz zum rötlichbraunen amerikanischen Hummer hat dieser einen bläulichen Panzer. Allerdings ist der europäische Hummer sehr rar und daher fast doppelt so teuer wie der amerikanische. Beste Saison für die blauen Hummer sind die Sommermonate, in welchen die meisten Hummer gefangen werden. Um während des ganzen Jahres Hummer anbieten zu können, werden sie in Bassins gehalten. Da die Krustentiere in Gefangenschaft keine Nahrung zu sich nehmen, zehren sie vom eigenen Fleisch.

Jakobsmuschel, Pilgermuschel
franz. coquille Saint-Jacques; engl. scallop

Diese Muschelart ist vor allem im Atlantik, d. h. vor den Küsten Irlands, Schottlands und Frankreichs heimisch. Im Handel ist meist das ausgelöste Fleisch, die «Nuss», erhältlich (oft auch mit Corail). Eine sehr gute Qualität kommt aus den USA. Das Muschelfleisch kann roh serviert werden, muss dann aber absolut frisch sein. Die Jakobsmuscheln können ebenfalls kurz gebraten oder im Dampf gegart werden.

Kaisergranat, Tiefseekrebs, Scampo

franz. langoustine; engl. norway lobster

Der Kaisergranat ist ein hummerähnlicher Krebs. Sein Fleisch ist sehr delikat. Weil in den Scheren fast kein Fleisch enthalten ist, werden meist nur die Schwänze angeboten. Das Fleisch verdirbt schnell; es kommt deshalb häufig tiefgefroren in den Handel. Topqualitäten kommen aus Irland, Schottland und Südafrika.

Languste

franz. langouste; engl. spiny lobster

Ein scherenloser Langschwanzkrebs aus dem Meer, welcher dem Hummer sehr ähnlich ist. Eine vorzügliche Qualität wird vor der irischen Westküste gefangen. Große Mengen stammen aus Südafrika, besonders vor Weihnachten.

Miesmuschel, Pfahlmuschel

franz. moule; engl. blue mussel

Miesmuscheln werden meist in Muschelgärten gezüchtet. Hauptlieferanten sind Holland, Frankreich und Spanien. Muscheln müssen frisch sein, und man sollte darauf achten, dass sie in rohem Zustand geschlossen und nach dem Kochen geöffnet sind!

Tintenfisch, Sepia

franz. seiche; engl. cuttle-fisch, common sepia

Der Tintenfisch ist ein zehnarmiges Meeresweichtier mit schwarzer Drüsenflüssigkeit. Der gemeine Tintenfisch oder Sepia hat einen ovalen bis runden Körper und ist ca. 30 cm lang.
Der Kalmar hat einen 30 bis 50 cm langen, schlanken Körper mit zartem Fleisch.

Bouillabaisse

Foto 1 Gemüse schälen/putzen, in Würfelchen/ Rauten schneiden.

Foto 2 Fischfilets und Meeresfrüchte auf ein mit Öl eingefettetes Blech legen, Muscheln getrennt halten.

Foto 3 Von der Orangenschale mit einem Sparschäler dünnschalige Streifen abziehen.

Foto 4 Orangenschalen längs in Streifchen schneiden, dann würfeln.

Foto 5 Geputzte, entbartete, geschlossene Muscheln (offene Muscheln wegwerfen) mit Knoblauch und Zwiebeln in wenig Olivenöl andünsten, mit dem Weißwein ablöschen, zugedeckt ein paar Minuten garen. Muscheln, die sich beim Kochen nicht geöffnet haben, sind ebenfalls ungenießbar und müssen weggeworfen werden.

Foto 6 Zwiebeln und Knoblauch im Olivenöl andünsten, Safranfäden zugeben.

Foto 7 Gemüse in die Kasserolle geben und mitdünsten.

Foto 8 Mit dem Weißwein ablöschen, würzen.

Foto 9 Tomaten schälen, vierteln und entkernen, Viertel klein würfeln, zum Gemüse geben.

Foto 10 Wenn das Gemüse gar ist, Orangenschalen unterrühren, 2 bis 3 Minuten köcheln lassen.

Foto 11 Olivenöl unterrühren.

Foto 12 Die im Ofen gegarten Fischfilets auf vorgewärmte Suppenteller verteilen.

Foto 13 Die heiße Gemüsesuppe zum Fisch geben.

Foto 14 Die Muscheln darauflegen.

Kürbis-Kokos-Suppe mit Jakobsmuscheln

für 4 Personen als Vorspeise

20 g Butter
50 g Schalotten, fein gehackt
1 Chilischote, aufgeschnitten, entkernt, fein gehackt
½ Zitronengrasstängel, fein gehackt
300 g Kürbis, geschält, entkernt, gewürfelt
½ l Gemüsebrühe, Seite 166
8 Kaffernlimettenblätter, Mittelrippe entfernt, in feinen Streifen
2 dl/200 ml ungesüßte Kokosnussmilch
Salz
frisch gemahlener Pfeffer

Einlage
2 Jakobsmuscheln, in 8 dünne Scheiben geschnitten
⅛ Limette, Saft
1 EL Olivenöl extra nativ
Fleur de Sel
frisch gemahlener Pfeffer

1 Schalotten, Chili und Zitronengras in der Butter andünsten, Kürbis kurz mitdünsten, mit dem Gemüsefond ablöschen, aufkochen, köcheln lassen, bis der Kürbis gar ist, mit Salz und Pfeffer würzen, Limettenblätter zugeben, nur ganz kurz mitkochen. Die Suppe pürieren.

2 Für die Einlage Limettensaft und Olivenöl verrühren, mit Fleur de Sel und Pfeffer würzen, Marinade über die Muscheln träufeln, 2 bis 3 Minuten marinieren.

3 Muscheln auf die Suppenteller verteilen. Kürbissuppe mit der Kokosnussmilch unterrühren, erhitzen, abschmecken, zu den Muscheln geben.

Variante
Muscheln durch Tintenfischringe oder klein geschnittene Riesenkrevetten/-garnelen ersetzen.

Salat mit Jakobsmuscheln

für 4 Personen als Vorspeise

2 EL Olivenöl extra nativ zum Braten
ca. 300 g Jakobsmuscheln, ohne Rogen
Meersalz
frisch gemahlener Pfeffer
fein geschnittenes Fenchelkraut
40 g Linsensprossen

Blattsalat

Vinaigrette
½ Zitrone, Saft
1½ dl/150 ml Olivenöl extra nativ
Meersalz
frisch gemahlener Pfeffer

1 Für die Vinaigrette Zitronensaft und Olivenöl sämig rühren, würzen.

2 Das Muschelfleisch halbieren, mit Salz und Pfeffer würzen. Muscheln mit 2 EL der Vinaigrette und dem Fenchelkraut vermengen, einige Minuten marinieren.

3 In einer beschichteten Bratpfanne das Olivenöl erhitzen, Jakobsmuscheln und Linsensprossen 1 bis 2 Minuten rührbraten.

4 Den Blattsalat auf Teller verteilen, Muscheln mit Linsensprossen darauf anrichten, mit der Vinaigrette beträufeln, warm servieren.

Safranrisotto mit Tintenfisch und Tomaten

für 4 Personen als Vorspeise

1 EL Olivenöl extra nativ
30 g Schalotten, gehackt
1 kleiner Zucchino, gewürfelt
160 g Risottoreis
15 Safranfäden
30 g getrocknete Tomaten, eingeweicht, klein gewürfelt
½ dl/50 ml Weißwein
4 dl/400 ml Gemüsefond, Seite 166
200 g Tintenfisch, in Ringen
2 EL Olivenöl extra nativ
Salz
frisch gemahlener Pfeffer

Schalotten und Zucchini im Olivenöl kurz andünsten, Reis kurz mitdünsten, Safranfäden und getrocknete Tomaten zugeben, mit Weißwein ablöschen, etwa die Hälfte des heißen Fonds zugeben, unter häufigem Rühren bei schwacher Hitze köcheln lassen, restliche heiße Brühe nach und nach zugeben, Reis al dente kochen, das dauert 15 bis 20 Minuten, mit Salz und Pfeffer würzen. Tintenfischringe die letzten 2 bis 3 Minuten mitkochen. Safranrisotto mit Olivenöl, Salz und Pfeffer abschmecken.

Variante
Risotto mit Riesenkrevetten/-garnelen und/oder Jakobsmuscheln zubereiten.

Scampi mit grüner Currysauce

für 4 Personen als Vorspeise

250 g geschälte Scampi
Salz
wenig Curry
wenig zartes Selleriekraut, fein geschnitten
1 TL Olivenöl extra nativ zum Braten

Selleriekraut für die Garnitur

grüne Currysauce
10 g Butter
20 g Schalotten, gehackt
20 g Lauch, klein gewürfelt
1½ dl/150 ml Scampi- oder Fischfond, Seite 169
(für einen Scampifond Fisch durch Scampischalen ersetzen)
1½ dl/150 ml Kokosnussmilch
1 TL grüne Currypaste
Salz

1 Für die Currysauce Schalotten und Lauch in der Butter andünsten, mit dem Scampifond ablöschen, fast ganz einkochen lassen. Kokosmilch zugeben, köcheln lassen, bis die Sauce die richtige Konsistenz hat. Vor dem Servieren Currypaste unter die kochende Sauce rühren, nach Belieben abschmecken.

2 Die Scampi mit Salz, Curry und Selleriekraut würzen. Im Olivenöl bei mäßiger Hitze braten, je nach Größe der Scampi dauert das 2 bis 4 Minuten, auf einem Gitter abtropfen lassen.

3 Currysauce auf vorgewärmte Teller verteilen, Scampi darauf legen, mit Selleriekraut garnieren.

Variante
Die grüne Currysauce passt ebenfalls hervorragend zu Riesenkrevetten/-garnelen und Jakobsmuscheln.

Jakobsmuscheln mit Senfsauce

für 4 Personen als Vorspeise

250 g Jakobsmuscheln
Fischgewürz, Seite 169
1 EL Olivenöl extra nativ
50 g Butter zum Braten

Senfsauce
1 TL Olivenöl extra nativ
20 g Schalotten, gehackt
50 g Kürbis, geschält, entkernt, gewürfelt
2 dl/200 ml Fischfond, Seite 169
Salz
frisch gemahlener Pfeffer
2 EL milder Senf
1 kleiner Bund Schnittlauch, fein geschnitten
2 EL Olivenöl extra nativ

1 Jakobsmuscheln mit dem Fischgewürz würzen, im Olivenöl wenden.

2 Für die Sauce Schalotten und Kürbis im Olivenöl andünsten, mit Fischfond ablöschen, erhitzen, mit Salz und Pfeffer würzen, etwa 15 Minuten köcheln lassen, bis der Kürbis und die Schalotten sehr weich sind. Pürieren. Sauce nochmals erhitzen, Senf und Schnittlauch unterrühren, je nach Konsistenz mit ein wenig Fischfond verdünnen, mit Salz und Pfeffer abschmecken, mit Olivenöl abrunden.

3 Eine beschichtete Bratpfanne aufheizen, Butter erhitzen, bis sie nicht mehr schäumt, Muscheln beidseitig braten, je nach Dicke 2 bis 4 Minuten.

4 Senfsauce auf vorgewärmte Teller verteilen, gebratene Jakobsmuscheln darauf anrichten.

Riesenkrevetten mit Wurzelgemüse-Fenchel-Salat

für 4 Personen als Vorspeise

8 Riesenkrevetten/-garnelen, geschält

Marinade
1 Stück frische Ingwerwurzel, geschält, fein gerieben
Fleur de Sel
frisch gemahlener Pfeffer
1 Prise Madras-Curry
2 EL Olivenöl extra nativ

Salat
100 g gekochte Randen/rote Bete, geschält
1 mittelgroßer Fenchel
1 säuerlicher Apfel
½ Limette, Saft
Salz
frisch gemahlener Pfeffer
2 EL Olivenöl extra nativ

Sprossen oder Blattsalat für die Garnitur

1 Riesenkrevetten mit der Marinade mischen, 10 Minuten marinieren.

2 Randen, Fenchel und Apfel auf der Röstiraffel reiben, mit Limettensaft, Salz und Pfeffer würzen, Olivenöl unterrühren.

3 Marinierte Riesenkrevetten in einer Bratpfanne im Olivenöl bei mittlerer Hitze 2 bis 3 Minuten braten, die Krevetten sollten in der Mitte noch leicht glasig sein. Bei zu langem Braten und zu starker Hitze werden sie trocken und zäh.

4 Salat und Riesenkrevetten auf Tellern anrichten, mit den Sprossen garnieren.

Glasnudelsalat mit Meeresfrüchten

für 4 Personen als Vorspeise

ca. 2 dl/200 ml Fischfond, Seite 169
Meersalz
200 g Tintenfisch, in Ringen
4 große Riesenkrevetten/-garnelen, geschält und halbiert
4 Jakobsmuscheln ohne Rogen, halbiert
30 g Glasnudeln
½ Salatgurke, gewürfelt
½ Zitronengrasstängel, fein gehackt
2 Kaffernlimettenblätter, in feinen Streifen
½ Frühlingszwiebel, fein gehackt
2 frische rote Chilischoten
2 EL Thai Fischsauce
1 Limette, Saft
Pfefferminze, abgezupfte Blätter
Korianderblätter

1 Glasnudeln 30 Minuten in warmes Wasser einlegen.

2 Chilischoten aufschlitzen, Stielansatz, Samen und Scheidewände entfernen. Schotenhälften in Streifchen schneiden.

3 Fischfond aufkochen, salzen. Tintenfischringe, Riesenkrevetten und Jakobsmuscheln zugeben, erhitzen, unter dem Siedepunkt 2 bis 4 Minuten ziehen lassen, in ein Sieb abgießen und abtropfen lassen.

4 Glasnudeln in einem Sieb abtropfen lassen, mit der Schere in etwa 5 cm lange Stücke schneiden.

5 Alle Zutaten miteinander vermengen, mit Salz abschmecken. Anrichten.

Lauchsuppe mit Tintenfischringen

für 4 Personen als Vorspeise

6 dl/600 ml Rinderbrühe, Seite 167
2 dl/200 ml Fischfond, Seite 169
50 g Lauch, in Ringen
50 g roter Peperoni/Paprikaschote, in Streifchen
einige Safranfäden
1 Knoblauchzehe
100 g Tintenfisch, in 5 mm breiten Ringen
Salz
frisch gemahlener Pfeffer

Rinderbrühe und Fischfond aufkochen, Lauch, Peperoni, Safran und Knoblauch zugeben, bei schwacher Hitze 5 Minuten kochen. Tintenfischringe zugeben, 2 Minuten ziehen lassen, nicht kochen, weil sonst der Tintenfisch gummiartig und zäh wird. Knoblauch entfernen. Lauchsuppe mit Salz und Pfeffer abschmecken.

Varianten

Suppe mit abgezupftem Dill oder Fenchelkraut bestreuen.
In Scheiben geschnittene Jakobsmuscheln sind auch eine feine Suppeneinlage.

Risotto mit Krevetten und Schwarzwurzeln

für 4 Personen als Vorspeise

1 EL Olivenöl extra nativ
20 g Schalotten, fein gehackt
100 g Schwarzwurzeln, geschält, klein gewürfelt
200 g Risottoreis
½ l Gemüsefond, Seite 166
8 Riesenkrevetten/-garnelen, geschält
und halbiert
20 g Parmesan, fein gerieben
½ Bund Schnittlauch, fein geschnitten
3 EL Olivenöl extra nativ
Salz
frisch gemahlener Pfeffer

Schalotten und Schwarzwurzeln im Olivenöl andünsten, Reis mitdünsten, heißen Fond nach und nach zugeben, Reis unter häufigem Rühren bei schwacher Hitze al dente kochen, 15 bis 20 Minuten, mit Salz und Pfeffer abschmecken. Riesenkrevetten die letzten 2 bis 3 Minuten mitkochen. Käse, Schnittlauch und Olivenöl unterrühren, mit Salz und Pfeffer abschmecken.

Varianten
Schwarzwurzeln durch Knollensellerie oder Topinambur ersetzen.

Lasagne mit Riesenkrevetten

für 4 Personen als Mahlzeit

250 g Nudelteig, Seite 162

2 EL Olivenöl extra nativ
2 kleine Frühlingszwiebeln, in feinen Scheiben
½ Knoblauchzehe, fein gehackt
6 dünne grüne Spargel, untere Hälfte geschält, Spitzen ganz, Rest in feinen Scheiben
Salz
frisch gemahlener Pfeffer
1 TL Madras-Curry
500 g Riesenkrevetten/-garnelen, geschält, Darm entfernt, in 1 cm großen Stücken

Béchamelsauce
10 g Butter
10 g Schalotten, fein gehackt
10 g Mehl
2 dl/200 ml Milch
frisch geriebene Muskatnuss

20 g Linsensprossen
20 g geriebener Parmesan

1 Für die Béchamelsauce Schalotten in der Butter andünsten, zuerst Mehl, dann Milch unterrühren, unter ständigem Rühren erhitzen, 10 bis 15 Minuten köcheln lassen, wenn nötig weitere Milch zugeben, mit Salz, Pfeffer und Muskat würzen, abkühlen lassen, ab und zu rühren, damit sich keine Haut bildet.

2 Frühlingszwiebeln und Knoblauch im Olivenöl andünsten, Spargel zugeben, mit Salz, Pfeffer und Curry würzen, Riesenkrevetten zugeben, von der Wärmequelle nehmen.

3 Backofen auf 190 °C vorheizen.

4 Nudelteig dünn ausrollen, 3 Teigblätter in der Größe der Gratinform schneiden.

5 Gratinform mit Olivenöl einfetten, ein Nudelblatt auf den Boden legen, die Hälfte der Spargel-Krevetten-Mischung darauf verteilen, mit Béchamelsauce beträufeln, mit einem Teigblatt bedecken, restliche Füllung darauf verteilen, mit Béchamelsauce beträufeln, letztes Teigblatt darauflegen, mit Béchamelsauce überziehen, Linsensprossen und Käse darüberstreuen.

6 Lasagne in der Mitte in den Ofen schieben, bei 190 °C 20 Minuten backen. Darauf achten, dass die Linsensprossen nicht verbrennen, die Oberhitze nach etwa 10 Minuten eventuell leicht reduzieren.

Variante
Jakobsmuscheln und auch Fische wie Kabeljau oder Heilbutt eignen sich gut für diese Zubereitung. Das Praktische an diesem Gericht ist, dass man es gut vorbereiten und im Kühlschrank einige Stunden aufbewahren kann.

Bouillabaisse

step-by-step Seiten 134/135

für 4 Personen als Mahlzeit

½ dl/50 ml Olivenöl extra nativ
2 kg Miesmuscheln, gewaschen, offene aussortiert
1 mittelgroße Zwiebel, gehackt
2 Knoblauchzehen, fein gehackt
1 dl/100 ml Weißwein
200 g Rotbarbenfilets
200 g Jakobsmuscheln
200 g Riesenkrevetten/-garnelen, geschält
200 g Seeteufelfilet, in Würfeln
200 g Petersfischfilet, in Würfeln
2 Zwiebeln, gehackt
3 große Knoblauchzehen, gehackt
300 g Fenchel, fein geschnitten,
Kraut getrennt halten
2 Karotten, geschält, in Stäbchen/Rauten
ca. 20 Safranfäden
1 dl/100 ml Weißwein
1½ l Fischfond, Seite 169
1 l Rinderbrühe, Seite 167
ca. 10 Korianderkörner, fein zerstoßen
Salz
frisch gemahlener schwarzer Pfeffer
10 frische Peretti-Tomaten oder andere festfleischige Tomaten, geschält, geviertelt, entkernt, zerkleinert
1 kleiner Lauch, fein geschnitten
2 Streifen dünn abgeschälte Orangenschale, fein gehackt
40 ml Pernod

1 Muscheln, Zwiebeln und Knoblauch in der Hälfte des Olivenöls andünsten, mit Weißwein ablöschen, zugedeckt 2 Minuten bei starker Hitze dünsten, in ein Sieb abgießen. Geschlossene Muscheln wegwerfen.

2 Fische und Riesenkrevetten auf ein geöltes Blech verteilen, mit Salz und Pfeffer würzen.

3 Backofen auf 80 °C vorheizen.

4 Zwiebeln, Knoblauch, Fenchel und Karotten im restlichen Olivenöl andünsten, Safranfäden zugeben, mit Weißwein ablöschen, mit Rinderbrühe und Fischfond auffüllen, aufkochen, Koriander zugeben, würzen, bei mittlerer Hitze 10 Minuten kochen. Tomaten, Lauch und Orangenschalen zugeben, 5 Minuten köcheln lassen. Pernod und abgezupftes Fenchelkraut zugeben. Mit Salz und Pfeffer abschmecken.

5 Das Blech mit Fisch und Meeresfrüchten in der Mitte in den Ofen schieben und bei 80 °C etwa 5 Minuten vorgaren (die Fische dürfen nicht durchgegart sein, weil sie in der heißen Suppe noch nachgaren.) Die Muscheln nur kurz in der Suppe erwärmen.

6 Fisch zur heißen Suppe geben, 2 Minuten zugedeckt stehen lassen, Muscheln beifügen.

Zum Rezept
Das ist kein «Original-Rezept» für Bouillabaisse, sondern eine auf den Privathaushalt zugeschnittene Variante. Für diese Bouillabaisse können alle Fische, Muscheln und Krustentiere verwendet werden. Besonders gut eignen sich Scampi, Tintenfisch, Steinbutt und Seezunge.

Riesenkrevetten mit Apfelsauce

für 4 Personen als Mahlzeit

600 g geschälte Riesenkrevetten/-garnelen, 32 Stück
Salz
wenig Madras-Curry
1 Bund Schnittlauch, fein geschnitten
2 EL Olivenöl extra nativ zum Braten

Apfelsauce
10 g Butter
20 g Schalotten, gehackt
½ säuerlicher Apfel, geschält, entkernt, gewürfelt
20 g Lauch, klein gewürfelt
½ TL Madras-Curry
Salz
3 dl/300 ml Krevetten-/Garnelenfond (wie Fischfond zubereitet, aber mit Krevetten-/Garnelenschalen), Seite 169
2 dl/200 ml Rahm/Sahne
Salz
frisch gemahlener Pfeffer
25 ml Champagner
25 ml Schlagrahm/-sahne

1 Für die Sauce Schalotten, Äpfel und Lauch in der Butter andünsten, mit Curry bestäuben, mit dem Krevettenfond ablöschen, auf ein Drittel einkochen lassen. Rahm zugeben, erhitzen, köcheln lassen, bis die Apfelsauce die richtige Konsistenz hat, mit Salz und Pfeffer abschmecken. Unmittelbar vor dem Servieren den Champagner unter die kochende Sauce rühren, Schlagrahm unterziehen.

2 Riesenkrevetten mit Salz, Curry und Fenchelkraut würzen, im Olivenöl bei schwacher Hitze je nach Größe 4 bis 6 Minuten braten, auf einem Gitter abtropfen lassen.

3 Die Apfelsauce auf vorgewärmte Teller verteilen, Riesenkrevetten darauf anrichten.

Scampi mit Zitroneneisenkrautsauce

für 4 Personen als Mahlzeit

800 g Scampischwänze, geschält
Fischgewürz, Seite 169
1 EL Olivenöl extra nativ
¼ Limette, Saft

Scampifond
1 EL Olivenöl extra nativ
Scampischalen
1 Stück Knollensellerie, geschält, gewürfelt
1 Stück Fenchel, grob gewürfelt
1 kleine Zwiebel
½ dl/50 ml Weißwein
½ dl/50 ml Fischfond, Seite 169
½ TL Kümmelsamen
½ TL Paprikapulver
10 Pfefferkörner, zerstoßen
20 Korianderkörner, zerstoßen
2 Lorbeerblätter

Sauce
3 dl/300 ml Scampifond
1 dl/100 ml Rahm/Sahne
½ dl/50 ml Rahm/Sahne, steif geschlagen
1 EL Selleriepüree, Seite 165
1 Zweig Zitroneneisenkraut
Salz
frisch gemahlener Pfeffer

Zitroneneisenkraut für die Garnitur

1 Scampischalen gut waschen, auf ein Blech verteilen, im vorgeheizten Ofen bei 200 °C 10 Minuten trocknen. Trockene Schalen mit Hilfe einer schweren Kasserolle zerdrücken.

2 Scampischalen und Gemüse im Olivenöl andünsten, mit Weißwein ablöschen, einkochen lassen, Fischfond und Gewürze zugeben, 30 Minuten köcheln lassen. Fond durch ein Tuch passieren.

3 Scampifond mit Zitroneneisenkraut auf die Hälfte einkochen, Rahm zugeben, weitere 5 Minuten kochen, mit Salz und Pfeffer würzen. Sauce vor dem Servieren aufkochen, mit dem Selleriepüree binden, Eisenkraut entfernen. Schlagrahm unterziehen, kurz aufkochen. Mit Zitroneneisenkraut garnieren.

4 Scampi mit Fischgewürz, Olivenöl und Limettensaft mischen, etwa 10 Minuten marinieren. Im Olivenöl bei schwacher Hitze 2 bis 4 Minuten braten, sie sollten innen noch glasig sein.

Varianten
Zitroneneisenkraut – franz. Verveine – ist ein Sommerkraut, das zum Kochen nur frisch verwendet werden sollte. Die Sauce wird auch köstlich mit anderen Kräutern wie Dill oder Schnittlauch. Die Zitroneneisenkrautsauce passt ebenfalls zu Hummer und Riesenkrevetten/-garnelen.

Grundrezepte

Nudelteig

für ca. 15 Portionen

560–590 g Hartweizendunst
20 g Salz
4 Eier
2 EL Olivenöl extra nativ

Alle Zutaten zu einem Teig kneten, in Klarsichtfolie einwickeln. 1 Stunde ruhen lassen.

Tipp
Der Nudelteig kann im Kühlschrank eine Woche oder länger aufbewahrt werden.

Wilder Reis

für 4 Personen als Beilage

160 g Wilder Reis
1 l Rinderbrühe, Seite 167, oder Gemüsefond, Seite 166
100 g Lauch oder
4 Frühlingszwiebeln, in feinen Scheiben
2 EL Olivenöl extra nativ

1 Backofen auf 200 °C vorheizen.

2 Reis mit Rinderbrühe in einen Topf geben, im Ofen bei 200 °C 45 Minuten garen, bei Bedarf Rinderbrühe oder Wasser nachgießen. Lauch oder Frühlingszwiebeln zugeben, kurz mitgaren, mit Salz würzen, Olivenöl unterrühren.

Tipps
Wilder Reis passt gut zu gegrillten, gebackenen und gebratenen Fischgerichten. Nach dem gleichen Rezept kann auch Naturreis/Vollreis zubereitet werden.

Safranrisotto

für 4 Personen als Beilage

1 EL Olivenöl extra nativ
30 g Schalotten, fein gehackt
240 g Rundkornreis, z. B. Vialone
20 Safranfäden
6 dl/600 ml Gemüsefond, Seite 166
1 große Fleischtomate, geschält, gewürfelt
Salz
frisch gemahlener Pfeffer
1 EL Olivenöl extra nativ
frische gehackte Kräuter, z. B. Basilikum, Schnittlauch, Majoran, nach Belieben

Schalotten im heißen Olivenöl andünsten, Reis zugeben und kurz mitdünsten, Safranfäden, Gemüsefond und Tomatenwürfel zugeben, unter häufigem Rühren bei schwacher Hitze al dente (körnig) kochen, etwa 15 Minuten, mit Salz und Pfeffer würzen, mit Olivenöl und Kräutern abschmecken.

Produkte-Info
Der aus Norditalien stammende Vercelli Superfino Carnaroli Reis ist eine Superqualität.

Tipp
Safranrisotto ist eine gute Beilage zu gegrilltem und gebratenem Fisch. Der Risotto bekommt mehr Würze, wenn man vor dem Servieren etwas geriebenen Parmesan oder Sbrinz unterrührt.

Grünkernrisotto

für 4 Personen als Beilage

120 g Grünkernkörner
4 dl/400 ml Gemüsefond, Seite 166
1 TL Butter
30 g Schalotten, klein gewürfelt
Salz
frisch gemahlener Pfeffer
1 Majoranzweig, Blättchen abgezupft
2 EL Olivenöl extra nativ

1 Grünkernkörner über Nacht im Gemüsefond einweichen. Anderntags in ein Sieb abgießen, Fond auffangen.

2 Schalotten in der Butter kurz andünsten, Grünkernkörner mitdünsten, mit dem Gemüsefond ablöschen, aufkochen, bei schwacher Hitze etwa 45 Minuten köcheln lassen. Es sollte keine Flüssigkeit mehr übrigbleiben. Grünkernrisotto mit Salz und Pfeffer würzen, mit Majoran und Olivenöl abrunden.

Tipp
Der Grünkernrisotto ist eine vorzügliche Beilage zu gebratenem, gebackenem oder gegrilltem Fisch.

Püree
von Kartoffel und Fenchel

für 4 Personen als Beilage

350 g geschälte mehlig kochende Kartoffeln
250 g geputzter Fenchel
1½ dl/150 ml Olivenöl extra nativ
Salz
frisch geriebene Muskatnuss
2 Majoranzweiglein, Blättchen abgezupft

Kartoffeln und Fenchel im Salzwassser weich garen, abgießen, heiß durch Passevite/Flotte Lotte drehen. Olivenöl unterrühren, erhitzen, mit Salz, Muskatnuss und Majoran würzen.

Püree
von Kartoffel und Sellerie

350 g geschälte mehlig kochende Kartoffeln
150 g geschälter Knollensellerie
1½ dl/150 ml Olivenöl extra nativ
Salz
frisch geriebene Muskatnuss
2 Majoranzweiglein, Blättchen abgezupft

Kartoffeln und Knollensellerie im Salzwasser weich garen, abgießen, heiß durch Passevite/Flotte Lotte drehen. Olivenöl unterrühren, erhitzen, mit Salz, Muskatnuss und Majoran würzen.

Selleriepüree

500 g Knollensellerie
1 große Zwiebel

1 Knollensellerie schälen und zerkleinern. Zwiebel schälen und grob zerkleinern. Sellerie und Zwiebeln im Salzwasser sehr weich garen, in ein Sieb abgießen. Das Selleriepüree wird nur mehlig fein, wenn das Gemüse durch und durch weich ist. Andernfalls wird es krümelig und die Sauce später nicht cremig fein gebunden.

2 Sellerie und Zwiebeln fein pürieren oder durch die feinste Scheibe von Passevite/Flotter Lotte drehen.

3 Selleriepüree in ein feines Tuch, am besten in ein Passiertuch gießen, zusammenbinden und aufhängen, so dass die Flüssigkeit abtropfen kann und nach einigen Stunden ein sehr festes, trockenes Selleriepüree übrig bleibt.

Verwendung
Das Selleriepüree gibt Saucen und Suppen die gewünschte Konsistenz. Es ist Ersatz für Butter, Mehl oder Kartoffelstärke, die normalerweise zum Binden von Saucen und Suppen verwendet werden.

Varianten
Nach gleichem Rezept kann aus Fenchel, Kohlrabi, Karotten, Spinat, dicken Bohnen und Erbsen (gefrorene und Dosenerbsen eignen sich nicht) ein Püree zubereitet werden. Damit ein Püree aus grünem Gemüse die frische grüne Farbe behält, muss es rasch abgekühlt werden. Zartes Gemüse wie Spinat und Erbsen haben eine sehr kurze Garzeit, deshalb die Zwiebeln schon fast gar kochen, bevor das Gemüse beigegeben wird.

Rollgerste

für 15 Portionen als Teil einer Vorspeise

½ l Gemüsefond, Rezept nebenan
200 g Rollgerste
50 g erntefrische Maiskörner
100 g gemischte Gemüsewürfelchen,
z. B. Knollensellerie, Karotten, Lauch
½ TL Sherryessig
1 Bund Schnittlauch, fein geschnitten
Salz
frisch gemahlener Pfeffer
2 EL kaltgepresstes Maiskeimöl

1 Die Rollgerste über Nacht in reichlich Wasser einweichen, am nächsten Tag in ein Sieb abgießen, mit Wasser überbrausen.

2 Gemüsefond aufkochen, Rollgerste und Maiskörner zugeben, weich garen, Gemüsewürfelchen die letzten 2 Minuten mitkochen, mit Salz und Pfeffer würzen. Es sollte keine Flüssigkeit mehr übrig bleiben. Sherryessig und Schnittlauch unterrühren, eventuell nachwürzen. Mit dem Maiskeimöl abschmecken.

Gemüsefond

für ca. 1 Liter

2 EL Olivenöl extra nativ
2 Zwiebeln, ca. 100 g
1 kleine Lauchstange, ca. 50 g
100 g Champignons
1 kleiner Fenchel
2 Tomaten
200 g Gemüseabschnitte, z. B. Karotten, Knollensellerie, Kohlrabi, Zucchini usw., grob gewürfelt
je 1 Bund Schnittlauch, Kerbel und Basilikum
je 1 Thymian- und Majoranzweiglein
je 10 Pfeffer- und Korianderkörner, zerstoßen
ca. 2 l Wasser

1 Zwiebeln, Lauch, Pilze, Fenchel und Tomaten klein schneiden.

2 Olivenöl erhitzen, Gemüse, Kräuter und Gewürze zugeben, andünsten, mit dem Wasser ablöschen, aufkochen, bei schwacher Hitze 30 Minuten kochen, durch ein Tuch passieren.

Tipp
Für den Fond eignen sich alle rohen Gemüseabschnitte. Der Gemüsefond lässt sich in einem geschlossenen Gefäß im Kühlschrank ein paar Tage aufbewahren.

Verwendung
Gemüse im Gemüsefond kochen, zur Schonung/Erhaltung des Eigengeschmacks. Der Gemüsefond kann als Grundlage von Gemüsebutter und Gemüsesuppen verwendet werden.

Rinderbrühe

ergibt ca. 4 l Brühe

1 Ochsenschwanz, klein gehackt
1 kg Rinderknochen
ca. 5 l kaltes Wasser
1 Zwiebel, geröstet
½ Lauchstange, in Streifen
1 Karotte, gewürfelt
je 5 Pfeffer-, Koriander- und Pimentkörner, zerstoßen
1 Lorbeerblatt
je 1 Zweig Thymian, Rosmarin und Liebstöckel

1 Ochsenschwanz, Knochen und Wasser aufkochen, Schaum abschöpfen, Gemüse und Gewürze zugeben, etwa 3 Stunden bei schwacher Hitze kochen. Eventuell Wasser nachgießen.

2 Topfinhalt durch ein Sieb passieren.

Rinderconsommé

ergibt ca. 3 Liter (15 Tassen) Consommé/Kraftbrühe

4 l Rinderbrühe, nebenan
1 kg Rindfleisch/-haxe, vom Metzger grob gehackt
100 g Karotten
100 g Lauch
50 g Knollensellerie
je 1 Zweig Thymian und Rosmarin
5 Pfefferkörner, zerstoßen
3 Pimentkörner, zerstoßen
4 Eiweiß
Salz
frisch gemahlener Pfeffer
gehackte Kräuter nach Belieben

1 Fleisch, Gemüse, Gewürze und Eiweiß mischen. 1 Stunde oder länger kühl stellen.

2 Alle Zutaten mit der Rinderbrühe aufkochen, 4 Stunden bei schwacher Hitze kochen, öfter rühren. Mit Salz und Pfeffer abschmecken, eventuell noch Kräuter beifügen.

3 Topfinhalt durch ein Sieb passieren.

Tipp
Die Consommé sollte die Farbe eines schwachen Schwarztees haben. Sollte sie zu hell sein, eine geröstete Zwiebel mitkochen.

Mayonnaise

für ½ l Sauce
für 10 Portionen

2 Eigelbe, Zimmertemperatur
1 TL milder Senf
1 EL Wasser
1 EL Weißweinessig
4 dl/400 ml kaltgepresstes Sonnenblumenöl, Zimmertemperatur
Salz
frisch gemahlener Pfeffer
evtl. Zitronensaft

Eigelbe, Senf und Wasser verrühren, Sonnenblumenöl unter ständigem Rühren tropfenweise dazugeben. Sollte die Sauce zu dick werden, bereits wenig Essig zugeben, dann wieder Sonnenblumenöl, zuletzt restlichen Essig unterrühren, mit Salz, Pfeffer und Zitronensaft würzen.

Tipp
Die Mayonnaise mit einem exklusiven Olivenöl zubereiten. Ein besonderer Genuss!

Varianten

Französische Salatsauce
Mayonnaise mit Gemüsefond, Seite 166, oder Consommé, Seite 167, sämig rühren. Fein geschnittenen Schnittlauch zugeben, mit Salz, Pfeffer und Essig abschmecken.
Verwendung: passt zu Blattsalat

Remouladensauce
Sardellenfilets, Kapern, Zwiebeln, Petersilie und Estragon fein hacken, unter die Mayonnaise rühren, pikant abschmecken.
Verwendung: passt zu gebackenem Fisch und Gemüse

Tatarsauce
Gekochte Eier und Cornichons hacken, Schnittlauch fein schneiden, alles unter die Mayonnaise rühren, pikant abschmecken.
Verwendung: passt zu gebackenem Fisch und Gemüse

Cocktailsauce
Ein wenig geschälten Meerrettich fein reiben, mit Saft von ½ Orange, 2 EL Sauerrahm/saure Sahne und 2 EL Ketchup unter die Mayonnaise rühren, mit Tabascosauce, Salz und Pfeffer pikant abschmecken.
Verwendung: passt zu kalten Fischgerichten und Krustentieren

Fischgewürz

100 g feines Meersalz
20 g Rosenpaprika
10 g geschälte frische Ingwerwurzel, fein gerieben
30 Korianderkörner, fein zerstoßen
1 Zitronengrasstängel, sehr fein geschnitten

Alle Zutaten mischen.

Tipp
Das Zitronengras gibt dem Fischgewürz eine pikant säuerliche Note. Wenn es nicht erhältlich ist, durch abgeriebene Schale einer halben unbehandelten Zitrone ersetzen.

Fischfond

50 g Butter
50 g Knollensellerie
150 g Zwiebeln
100 g Lauch
50 g Champignons
5 Gräten von Seezunge oder Steinbutt, geputzt, ohne Kopf
½ dl/50 ml Weißwein
2½ l Wasser
1 Lorbeerblatt
10 Pfefferkörner, zerstoßen
15 Korianderkörner, zerstoßen
2 Pimentkörner
je 1 Zweig Dill und Salbei

1 Gemüse putzen/schälen, grob würfeln, in der Butter andünsten, Gräten zugeben, mit dem Weißwein ablöschen, mit dem Wasser auffüllen, aufkochen, Schaum abschöpfen, alle Gewürze zugeben, bei schwacher Hitze 20 Minuten köcheln lassen. Fischfond durch ein Tuch passieren.

2 Fischfond abkühlen lassen. Portionsweise in Vorratsdosen füllen und tiefkühlen. Lagerdauer: im Tiefkühler ca. 2 Monate, im Kühlschrank ca. 1 Woche.

Tipp
Nur Gräten und Abschnitte von Seezunge, Steinbutt und Seeteufel verwenden.

Allgemeines und Fachausdrücke

Backen
Fisch in Teig oder Folie einpacken und im Ofen bei etwa 200 °C backen. So bleibt der Fisch sehr saftig und behält seinen Eigengeschmack. Wichtig ist, dass der Teig/die Folie hermetisch abgeschlossen ist und die Backzeit stimmt. Für diese Zubereitungsart eignen sich ganze Fische und auch größere Filetstücke.

Bouquet garni
Kräuterbünde. Setzt sich je nach Verwendung aus Thymian, Liebstöckel, Rosmarin, Lauch, Selleriegrün usw. zusammen. Zum Würzen von Fonds. Für Suppen zusätzlich Karotten und Zwiebeln verwenden.

Brühe
Knochen- oder Fleischbrühe, hergestellt von Knochen oder Fleisch, Gemüse und Gewürzen.

Butter
Zum Kochen, Kurzbraten, Montieren (Sauce binden) und Verfeinern einer Speise eignen sich normale Butter und Kochbutter. Die Butter ist ein Naturprodukt, das aus Kuhmilch gewonnenem Rahm/Sahne hergestellt wird und die wertvollen Inhaltsstoffe der Milch enthält. Bratbutter/Butterschmalz ist reines Fett, das durch Verdampfen des Wassers entsteht. Sie ist ideal zum Braten, ihr fehlt aber der typische Buttergeschmack.

Consommé
Klare Fleischkraftbrühe, hergestellt aus Brühe/Bouillon, Fleisch, Gemüse und Gewürzen.

Court-Bouillon
Sud zum Garen von Fisch. Er besteht aus Wasser, Weißwein, Gemüse, Gewürzen und Kräutern.

Dünsten
Mit wenig Fettstoff (Butter, Öl) und Flüssigkeit bei 120 °C bis 140 °C zugedeckt garen. Eignet sich für alle Fischarten und für Gemüse (schont die Vitamine).

Fond
Erhält man zum Beispiel, wenn man Gemüse oder ein Huhn im Wasser kocht.

Gratinieren
Bei starker Oberhitze (250 °C bis 300 °C) überbacken.

Grillen
Kleine und mittelgroße Fische können gegrillt werden. Je kleiner, desto höher muss die Grilltemperatur sein. Größere Stücke langsam bei mittlerer Hitze grillen. Fisch etwa 15 Minuten vor dem Grillen würzen und in Öl einlegen, oder in eine gebutterte Alufolie auf feine Gemüsestreifen legen, kräftig würzen, Folie verschließen, auf den Grill legen. Letztere ist eine schonende, praktische Garmethode, wobei man aber keinen typischen Grillgeschmack erhält.

Kräuter
Nur frische Kräuter verwenden und diese erst kurz vor Verwendung mit einem scharfen Messer schneiden, nicht hacken, da die Duft- und Geschmacksstoffe sich schnell verflüchtigen.

Montieren
Sauce binden, indem man gekühlte Butterstückchen unter die kochende Flüssigkeit rührt.

Pochieren
Im Fond oder Wasserbad bei ca. 80 °C garen. Sehr schonende Garmethode für Fisch, zartes Fleisch und Geflügel, Klößchen, Süßspeisen wie Pudding und Zabaione.

Rahm/Sahne
Pasteurisierter Vollrahm/Sahne. In der Schweiz hat der Rahm einen Mindestfettgehalt von 35 %. In Deutschland hat die Sahne einen Fettgehalt von 30 %. Aufgrund des niedrigeren Fettgehalts ist es möglich, dass die Sauce weniger gut bindet. Dem kann abgeholfen werden, wenn man etwas mehr Butter als rezeptiert unter die Sauce rührt.

Rôtissoir
Bratgeschirr, am besten aus Gusseisen, zu verwenden zum Braten im Ofen oder Pochieren.

Sauteuse
Flacher, abgerundeter Topf zum Kurzbraten oder Dünsten. Am besten aus Kupfer oder Chromstahl.

Sautieren
Kurzbraten von Fisch und kleinen zarten Fleischstücken wie Geschnetzeltem, Tournedos, Koteletts, Steaks, aber auch von Kartoffeln und Gemüse.

Sautoir
Flacher Topf mit geraden Seitenwänden zum Dünsten und Kochen von Saucen, Suppen, usw. Am besten aus Kupfer oder Chromstahl.

Temperatur- und Zeitangaben
Die Zeit- und Temperaturangaben in den Rezepten basieren auf praktischen Erfahrungswerten mit modernen Kochgeräten. Es handelt sich um Richtwerte. Abweichungen sind möglich. Der Garprozess ist in jedem Fall zu überwachen. Beim Umluftbackofen verringert sich die Garzeit in der Regel um 15 %. Oftmals stimmt die effektive Ofentemperatur nicht mit der angezeigten überein. Teils werden vom Hersteller bis zu 40 °C Differenz toleriert.

Register